LEBENSRAUM OZEAN

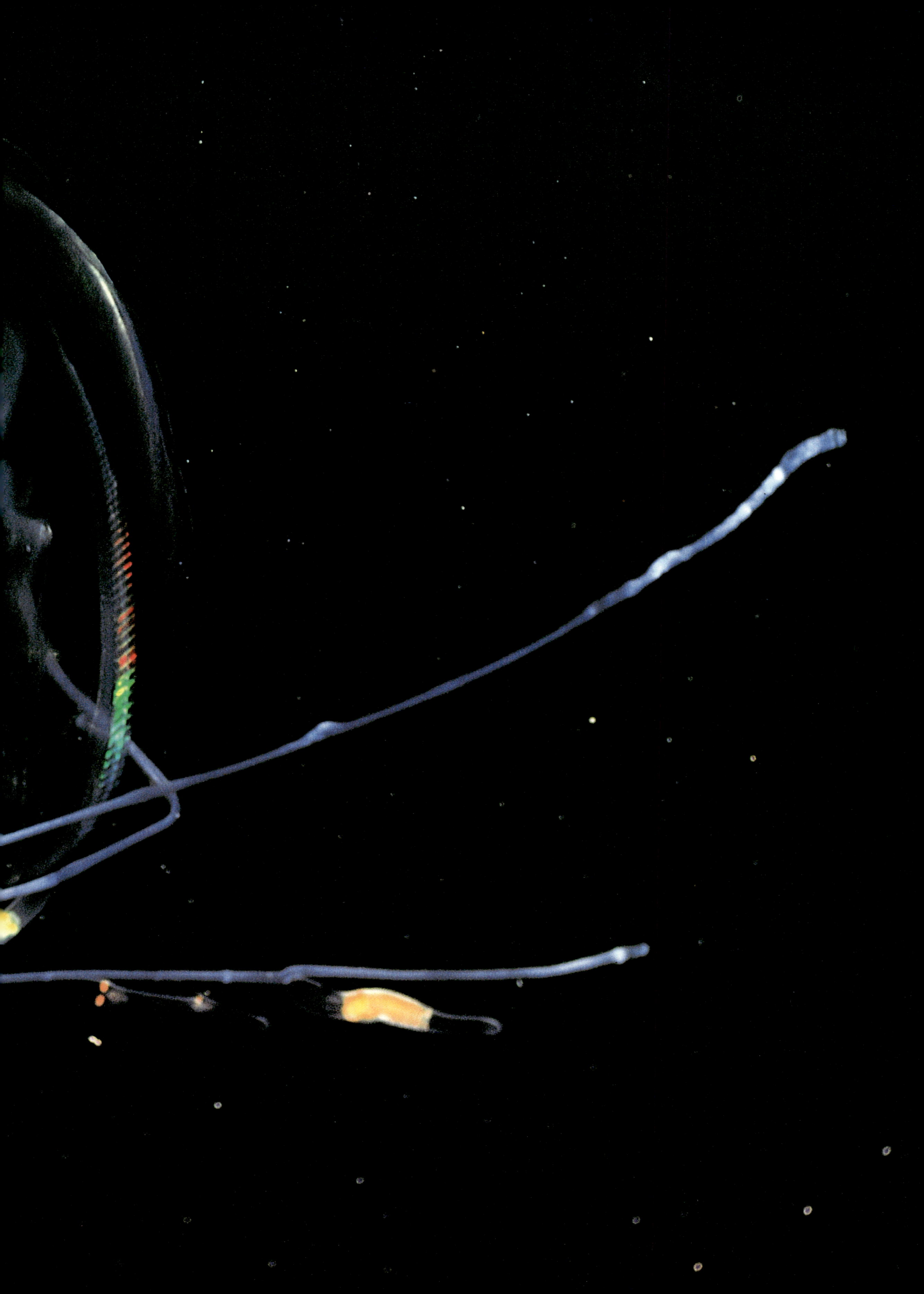

LES LINE GEORGE REIGER

LEBENSRAUM
OZEAN

Bildlegenden zu den Seiten:

2/3 Ein Schwarm Tomtates oder Goldstreifengrunzer (*Haemulon aurolineatum*) in einem Korallenriff der Karibik. Sie gehören zur Barschfischfamilie der Süßlippen oder Grunzer, die durch Aneinanderreiben ihrer Schlundzähne weithin hörbare Laute von sich geben und in allen warmen Meeren vorkommen. (*David Doubilet*)

4/5 Die Seestachelbeere (*Pleurobrachia pileus*) gehört zur Klasse der Rippen- oder Kammquallen. Ihre acht mit Wimperplättchen besetzten „Längsrippen" leuchten beim Rudern durch Lichtbrechung in sämtlichen Regenbogenfarben. (*Neil Swanberg*)

5/6 Eine Schule Gefleckter Adlerrochen (*Aetobatus narinari*) patrouilliert mit langsamem Schlagen der bis zu zwei Meter breiten „Flügel" durch das Dämmerlicht der Tiefe. (*Ed Vaughan/Woodfin Camp & Associates*)

14/15 Die Kalmare (Unterordnung *Teuthoidei*) sind Dauerschwimmer, die im Wasser schweben, vorwärts und rückwärts schwimmen und dank der großen endständigen Flossen geschickt manövrieren können. Der Nordamerikanische Kalmar (*Loligo pealei*) folgt manchmal in großen Verbänden den Fischschwärmen, findet sich aber auch zum Laichen zusammen. (*Charles Arneson*)

Titel der Originalausgabe:
The Audubon Society Book of Marine Wildlife

Printed in Spain
ISBN 3-8118-1592-X

Inhalt

Zur Numerierung der Illustrationen:

Alle Bildlegenden tragen die Nummer der Seite, auf der die Bilder wiedergegeben sind.

Vorwort

Als Binnenländer, der im Farmland des amerikanischen Mittelwestens – gut tausend Kilometer vom Atlantischen und dreitausend Kilometer vom Pazifischen Ozean entfernt – aufgewachsen ist, habe ich eine nur schwer erklärbare tiefe Bindung an das Meer. Dies um so mehr, als ich erst als Neunundzwanzigjähriger wirklich mit ihm Bekanntschaft schloß, und zwar im Oktober 1965, an meinem ersten Tag als Fotograf der Audubon Society, die anläßlich ihres jährlichen Treffens einen Ausflug an die Cape Cod National Seashore südlich von Boston machte. Hier hatte der Naturforscher Henry Beston im September 1927 einen zweiwöchigen Urlaub in einer Strandhütte verbringen wollen und war schließlich über ein Jahr hängengeblieben.

Die Strandhütte, Fo'castle, wurde nach seinem gleichnamigen Bestseller *The Outermost House,* den er während seines Strandlebens schrieb, als „Äußerstes Haus" bekannt. Als die Society-Mitglieder alles gebührend besichtigt und sich in Richtung der Dünen mit ihren Ebbetümpeln entfernt hatten, um nach Seevögeln Ausschau zu halten, zog ich mich mit einer Taschenbuchausgabe dieses Buches auf eine Anhöhe zurück. Zwischen reifem Sanddorn und dichten Goldrutenhecken begann ich zu lesen. Ein Trupp Sanderlinge hastete zu meinen Füßen den Strand entlang. „Jeder auslaufende Brecher, der sich auf dem Sand verströmt, jagt sie vor sich her, läßt sie zur Seite ausbrechen oder aufflattern, wenn er ihnen zu nahe auf den Fersen ist; und bei jedem Zurückschwappen des Wassers sind sie bereit, Angeschwemmtes aufzusammeln." In perfekt ausgerichteter, geschlossener Formation brauste ein Schwarm Bindenstrandläufer über meinen Kopf hinweg und peilte die Sümpfe hinter der Düne an. „Eine unerklärliche Disziplin scheint diese Vögel zu beseelen, als würde ein Kollektivbewußtsein die unzähligen kleinen Hirne leiten und jedem Tier eine vorbestimmte Rolle innerhalb des Zuges zuweisen." Meine erste Begegnung mit der See blieb von kurzer Dauer, doch diese für mich neue Welt hatte mich gepackt, bezaubert.

Bei näherem Hinsehen ist die Anziehungskraft, die die Meeresküsten auf mich ausübten, gar nicht so unbegreiflich. Denn im Familienalbum finden sich unzählige Fotos, die mich mit meinen Eltern und einem glänzendschwarzen 39er Chevrolet am Ufer der Großen Seen zeigen. Diese fünf amerikanischen Binnengewässer, die sich von Minnesota nach Illinois und in den Bundesstaat New York hinziehen, wirken ja an manchen Orten wie richtige Meere. Über den Lake Superior, den größten Süßwassersee der Welt, wurde zu Recht gesagt, daß „von jedem Küstenabschnitt aus der Blick in einer Richtung von der am Horizont endenden Wasserfläche begrenzt wird und daß man vom Schiff aus oft genug kein Land sieht." Die Strände der Großen Seen sind ebenso faszinierend wie die Küsten der Weltmeere, auch wenn diese eine ungleich vielfältigere Flora und Fauna oder größere landschaftliche Verschiedenartigkeit zu bieten haben. Sanft auslaufende Strände wechseln mit weit ausgreifenden Ried- und Sumpflandschaften, umtosten Klippen, mächtigen Dünen und zerklüfteten Riffen ab. Und die Wogen der Großen Seen können wie jene der Weltmeere drohend aufgebäumt – Tod und Verderben bringend – über die Küsten herfahren.

So ist es denn durchaus möglich, daß die Faszination, die das Meer auf mich ausübt, auf jene fernen Kindertage zurückgeht, als ich am Ufer des Michigansees spielte. Doch selbstverständlich bestehen vielfältige Unterschiede zwischen den Weltmeeren und den Großen Seen. Allein schon von der anderen Beschaffenheit des Wassers her sind Binnengewässer und Meere zwei ganz verschiedene Lebensräume. Und vielleicht kehrte ich deshalb nie mehr an die „Meere" meiner Kindheit zurück, seit ich an diesem Oktobermorgen auf Cape Cod zum erstenmal die wirkliche See kennengelernt hatte.

Es ist zweifellos richtig, daß gewisse Lebensformen in oder an beiden Bereichen vorkommen. Am augenfälligsten ist dies bei den Wasser- und Strandvögeln, und gewisse Wasserorganismen – unter den Wirbeltieren etwa die Neunaugen, Aale und Lachsfische – wechseln ohne Schwierigkeiten von einem Lebensraum in den anderen, ja sind für ihre Entwicklung sogar auf diese Wanderung angewiesen. Dennoch ist es kaum vorstellbar, daß über Binnengewässer ein ebenso atemberaubender Bildband in vergleichbarer Konzeption hätte geschaffen werden können.

Bilder tauchen in der Erinnerung wieder vor meinen Augen auf: Bilder von Eiserpeln, die in ihrem Prachtkleid mit den spießartig verlängerten Schwanzfedern an der Küste Alaskas paradieren, zwischen Karibus, die in der spärlichen Tundra weiden, oder Bilder von der Packeis-Trümmerlandschaft, in der Eisbären mit über Jahrtausende ständig verbesserter Jagdtechnik den Robben nachstellen.

Oder das Bild jenes Aleuten-Kormorans, der mir aus nächster Nähe in die Augen blickt, als ich mich auf den Pribiloffinseln über den Rand einer Steilwand hinabbeuge, um die riesigen lärmend lauten und „duftenden" Seebärenherden an deren Fuß zu beobachten. Und jene Riesenmanta, die in der Bahia de Banks vor den Basaltklippen der Fernandina- und der Isabellainsel im Galapagosarchipel unzählige Male aus den stillen Wassern schießt und mit donnerähnlichem Widerhall aufschlägt, um sich von den lästigen Seepocken zu befreien, die sich auf ihrer Haut festgesetzt haben. Oder der Anblick der Schweinswale, die mit unserer Segeljacht um die Wette schwimmen. Bilder auch von geheimnisvoll leuchtenden Quallen, die in einer dunklen, stürmischen Nacht über unser Deck gespült werden. Erinnerungen, die den Geruch und Geschmack des Meeres heraufbeschwören, auch wenn diese Sinneseindrücke noch nicht mit auf die lichtempfindliche Schicht der Diafilme gebannt werden können. Die schönsten und aufregendsten Bilder, die das Meer bereithält, sind hier vereinigt. Die Wunder und Geheimnisse, die sie offenbaren, schildert mein Kollege George Reiger in packenden Essays und informativen Bildunterschriften. Die Erinnerungen werden lebendig.

Les Line

LEBENSRAUM OZEAN

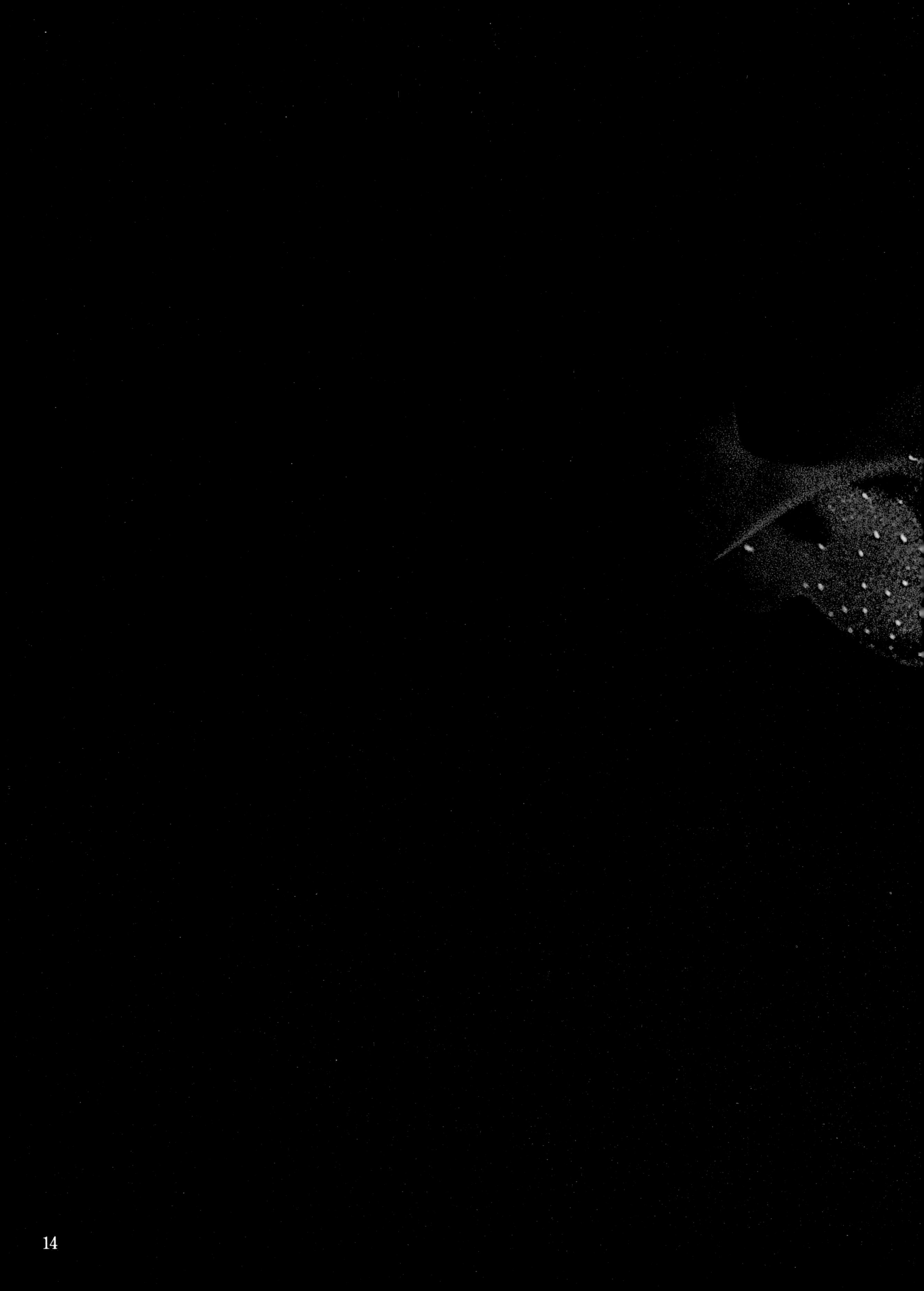

An felsiger Küste

16 Die in Jahrtausenden geformten Küstenriffe und -felsen sind auf beiden Seiten des Nordatlantiks im Gezeitenbereich oft dicht mit Seepocken (*Balanus*) besetzt. Diese seßhaften Krebstiere – manche sitzen auch auf Miesmuscheln, andere auf Seeschildkröten oder gar Walen – vertragen je nach Art unterschiedlich lange Trockenzeiten, da sie ihren „Mauerkrone" genannten Schalenkranz dicht verschließen können. Die Gemeine Seepocke (*Balanus balanoides*) begnügt sich in der Spritzwasserzone des Nordatlantiks mit gelegentlicher Nässe, während die Sternseepocke (*Chthamalus stellatus*) gar in Höhen siedelt, wo sie nur etwa alle vierzehn Tage von Springfluten erreicht wird, und *Balanus balanus* nur unter Wasser, dafür bis in große Tiefen, anzutreffen ist. (*Harald Sund*)

Ein kleiner Strandvogel läuft am Rand eines algenbedeckten Uferfelsens entlang und hält hin und wieder inne, um mörtelähnliche Körnchen aus dem feuchten Tang aufzupicken. Die Körnchen sind in Wirklichkeit die Schalen winziger Posthörnchenwürmer der Gattung *Spirorbis*. Die rotäugigen Larven dieser Würmer – der häufigsten Vertreter der Klasse Vielborster – schlüpfen aus Eiern, die in den Schalenkammern des Elterntiers heranreifen, und suchen sich sofort einen permanenten Standort auf dem Seetang, an Steinen oder auf einer anderen geeigneten Unterlage. Der Strandvogel, ein Klippenstrandläufer (*Erolia maritima*), läuft mit zierlichen Schrittchen den schlüpfrigen rotbraunen Algenbehang entlang und flattert dann vor einer gischtenden Brandungswelle auf, um seine Suche beim nächsten Felsblock fortzusetzen. Er pickt nach zwei Seepocken in einem Haufen von über hundert dieser kleinen, krönchenartigen Kegel. Es gelingt ihm, eine davon aufzubrechen, und er setzt seine Nahrungssuche fort.

Die Handvoll Tierarten, die sich in der Gezeitenzone mit ihren rasch und radikal wechselnden Lebensbedingungen zu behaupten vermögen, haben besondere Überlebenstechniken entwickelt. Seepocken (*Cirripedia*) sind vielleicht die bekanntesten und gleichzeitig rätselhaftesten aller Tiere, die sich dem Leben auf Küstenfelsen angepaßt haben, welche abwechselnd von der See gepeitscht und von der Sonne aufgeheizt werden. Denn trotz ihres muschelartigen Aussehens sind sie in Wirklichkeit Krebstiere, die ihre Mobilität zugunsten der Sicherheit aufgegeben haben. Statt hilflos zwischen den Felsen hin- und hergespült zu werden, haben sie es vorgezogen, sich mit ihrem Kopf am Stein oder auf einer anderen beständigen Unterlage festzuzementieren und sich in einen schützenden „Mauerkranz" aus Kalkplatten zurückzuziehen. Zweimal am Tag durchstrudeln sie mit den befiederten Beinen die steigenden oder fallenden Gezeitenfluten nach planktonischer Nahrung, die zum Mund, und nach Sauerstoff, der zu den Atmungsorganen geführt wird. Der Zement, den sie produzieren, gehört zu den stärksten bekannten Klebstoffen. Man kennt zwar seine chemischen Eigenschaften, doch ist es bisher noch nie gelungen, diesen Superkleber synthetisch herzustellen. Und man hat bisher auch kein Lösungsmittel zu entwickeln vermocht, mit dem Schiffsrümpfe oder Pfahlwerk von den lästigen Seepockenkrusten befreit werden könnten.

Im Gegensatz zu den Seepocken geben die bekannten blauschwarzen Miesmuscheln (*Mytilus edulis*) die Fähigkeit zur Ortsveränderung nicht vollständig auf. Wenn ihnen der Standort nicht mehr zusagt, können sie ihre Verankerung kappen und auf einem Fuß vorwärts kriechen. Will sich das Tier an einem neuen Standort verankern, produziert es in einer Drüse an der Fußwurzel einen Klebstoff, der durch eine Furche zum Fußende beim Schalenschloß fließt und zu klebrigen Haftfäden geformt wird. Sobald diese mit Wasser in Berührung kommen, beginnen sie zu erhärten. Durch mehrere Drehungen klebt die Muschel so einige Dutzend Haftfäden am Untergrund oder an benachbarten Muscheln fest, bis sie schließlich wie ein im Hafen vertäutes Schiff vor Anker liegt.

Unter dem Felsen, auf dem der Strandläufer noch immer nach Nahrung sucht, kriecht nun eine Steinschnecke (*Nucella lapillus*) zielstrebig auf eine Miesmuschelkolonie zu und beginnt mit ihrer Raspelzunge oder Radula ein Loch in die Schale eines der Tiere zu bohren. Die Muschel klappt ihre Schalen zu und klammert sich mit dem Fuß noch fester an den Felsen, ein über Jahrmillionen entwickeltes Verteidigungsverhalten, das der Abwehr ihres Erzfeindes, des Seesterns dient. Wenn Seesterne nämlich Muscheln angreifen, umklammern sie sie mit ihren Armen und versuchen, mit ständigem Zug die Schalen zu öffnen. Erlahmt die Muschel und öffnet sie ihre Schalen auch nur zehntelsmillimeterbreit, stülpt der Seestern seine Magenlappen durch die Mundöffnung im Zentrum seiner Unterseite vor und beginnt, den Mollusken bei lebendigem Leib zu verdauen.

Die Steinschnecke gehört zur Unterordnung der Schmalzüngler, eine relativ junge Schneckengruppe, die erst seit der oberen Kreidezeit – knapp 135 Millionen Jahre – auftritt. Die Muscheln haben deshalb noch keine Zeit gehabt, effektvolle Abwehrmechanismen gegen diesen neuen Freßfeind zu entwickeln. Doch heute entkommt die Muschel der Schnecke. Denn bevor diese das Loch in die Schale geraspelt und ihren langen Rüssel eingeführt hat, was den sicheren Tod des Opfers bedeuten würde, pickt der Strandläufer nach dem Siphonrohr der Schnecke, mit dem diese knapp unter der Oberfläche Atemwasser einsaugt. Die Schnecke zieht das Atemrohr ein, läßt sich von der Muschel herunterfallen und purzelt in eine Felsvertiefung. Hier entdeckt ein Amerikanischer Lippfisch (*Tautoga onitis*) das sich aufrappelnde Weichtier und reißt den ungeschützten Körper entzwei. Die leere Schneckenschale findet schon nach wenigen Tagen erneut Verwendung: ein Einsiedlerkrebs (*Pagurus pollicaris*), dessen bisheriges Haus zu klein geworden ist, wechselt die Wohnung.

Die vielleicht beste Antwort der belebten Natur auf die Herausforderung der unablässig gegen den Stein anstürmenden Brandung haben möglicherweise die Napfschnecken (*Patellidae*) und unter ihnen besonders die im Nordatlantik und rund um den Nordpol verbreitete Schildkrötenschnecke (*Acmaea testudinalis*) gefunden. Sie lebt unter einer flachen, starken Kalkmütze und höhlt mit Säure einen Sitzplatz in den Stein, bis Schale und Fels nahtlos aufeinanderpassen, wobei sich auch die Schale so dem Relief des Untergrundes anpassen kann, daß das Tier völlig von der Außenwelt abgeschlossen ist. Napfschnecken in Flutpfützen sind im allgemeinen flacher als solche, die der vollen Wucht der Brandung ausgesetzt sind. Diese unterschiedliche Ausbildung ist das Resultat von hydrodynamischen Kräften und Muskelentwicklung. Spitzere Schalenformen brechen die Kraft der Wogen eher als flache und gewähren Platz für einen kräftigeren Haftfuß, der an diesem Standort erforderlich ist.

Verglichen mit Seepocken, die sich unwiderruflich festzementieren, und Miesmuscheln, die ihren Standort nur wenn nötig verändern, sind Napfschnecken eifrige Wanderer. Dennoch müssen sie wie die beiden anderen Geschöpfe die Trockenzeit bei jedem Niedrigwasser überleben, so daß ihrer Bewegungsfreiheit enge Grenzen gesetzt sind. Während des vier- bis fünfstündigen Weidegangs, bei dem sie den Algenbelag abraspeln, bewegen sie sich gegen den Uhrzeigersinn in einem höchstens einen Meter großen Kreisbogen und erreichen so vor der nächsten Ebbe wieder das schützende eigene „Bett". Gelegentlich kommt es allerdings vor, daß sie den Sitzplatz verwechseln, was tödliche Folgen haben kann, wenn die Umrisse von Schale und Stein nicht aufeinanderpassen.

Außerdem haben die Napfschnecken einen einzigartigen Abwehrmechanismus gegen Seesterne entwickelt. In einer Art Fairplay kündigen Seesterne ihr Näherkommen durch Ausstoßen eines Eiweißstoffes an, den alle Napfschnecken in der Umgebung wahrnehmen. Sie stülpen dann ihren Mantel über die Schale, so daß der Seestern auf der nun schlüpfrigen Unterlage mit seinen Saugfüßen keinen Halt findet. Obschon kein anderer Freßfeind mit vergleichbarem Eiweißausstoß bekannt ist, vermuten manche

Meeresbiologen, daß gewisse Fische, wie zum Beispiel Lippfischarten, eine ähnliche Substanz produzieren, um die Schnecken zum Ausstülpen der schmackhaften, fleischigen Mantelsäume zu verleiten.

Das wahrscheinlich beweglichste Mitglied der Tiergesellschaft im Gezeitenbereich – und hier in allen Zonen anzutreffen – ist der bekannteTaschenkrebs (*Cancer pagurus*). Auf kräftigen, spitzen Beinen spaziert er über halb untergetauchte Seepocken und Napfschnecken und untersucht alle Vertiefungen sorgfältig nach pflanzlichen und tierischen Überresten. Bei Gefahr findet er schnell ein Loch, wo er sich verankern und der Bedrohung mit seinen kräftigen Scheren begegnen kann. Im unteren Gezeitenbereich verstecken sich die Taschenkrebse meistens zwischen Trümmern und Steinen und warten auf Nahrung, die von der Strömung herangeschwemmt wird, denn hier stellen ihnen einige Freßfeinde nach. Wenn der Krebs sich an einem Tag gerade an den Überresten eines Felsenbarschs (*Roccus saxatilis*) gütlich tut, den ein Angler am Strand geputzt hat, kann es ihm passieren, daß er am nächsten Tag von einem Barsch desselben Schwarms unsanft aus seinem Versteck herausgezerrt und geknackt wird.

Die Turmketten der aufeinandersitzenden Pantoffelschnecken (*Crepidula fornicata*) bieten hungrigen Taschenkrebsen wenig Nahrung, aber einen sicheren Halt. Die Türme dieser Strudelschnecken entstehen, wenn sich die umherkriechenden geschlechtsreifen männlichen Schnecken nach dem Ausstoßen des Samens auf einem bereits festsitzenden Weibchen ansiedeln und sich dann durch sogenannten konsekutiven Hermaphrodismus selbst zu Weibchen wandeln. Die unteren Tiere in den oft Dutzende von Schnecken zählenden Turmketten sind deshalb stets Weibchen.

In dunklen, feuchtwarmen Nächten kommt es auch vor, daß ein Taschenkrebs die Welt der Pantoffelschnecken und Seepocken verläßt und einen Landspaziergang unternimmt. Doch wenn er im Morgengrauen nicht wieder das schützende nasse Element aufgesucht hat, läuft er Gefahr, daß er einer Silbermöwe (*Larus argentatus*) zum Opfer fällt, genauso wie einige seiner zwei Monate früher geschlüpften Larven am vorhergehenden Abend vom Purpurwasserläufer erbeutet wurden. So beeinflussen und bedingen sich alle Lebensformen in dieser schwierigen, aber nahrungs- und sauerstoffreichen Gezeiten- und Brandungszone gegenseitig, voneinander in einem vielfältigen System von Beziehungen abhängig, das nur durch Eingriffe des Menschen bedroht ist.

21 Seesterne (Klasse *Asteroidea*) gehören zu den schönsten Geschöpfen des nördlichen Pazifiks, wo ihre Artenzahl am größten ist. Die Vielfalt der Formen und Farben ist beinahe unendlich. Sie können fünf, elf, achtzehn oder gar vierundzwanzig Arme haben, und die Spannweite der rund zweitausend bekannten Arten reicht von wenigen Zentimetern bis zu einem Meter. Alle Seesterne leben von tierischer Nahrung, vor allem von Weichtieren, Krebsen, Korallen und sogar von anderen Seesternen. Die „Arme" sind eigentlich keine Extremitäten, sondern Teile des Körpers mit Verdauungs- und Geschlechtsorganen. Die Fortbewegung erfolgt über Reihen von Saugfüßen in den Armfurchen. Im Bild oben ein Ockerseestern (*Pisaster ochraceus*) mit rund vierzehn Zentimeter langen Armen, darunter verschiedene Formen der Ordnung *Spinulosida*. (*Steve Crouch*)

22 Bei Ebbe legen die Wasser an der felsigen Küste Alaskas farbigen Blasentang der Gattung *Fucus* frei. Die Sonne vermag während der Niedrigwasserzeit die Oberflächenschicht dieser gummiartigen Meeralgen auszudörren, doch darunter bleibt der Tang feucht und kühl und bietet einer Vielzahl von Lebewesen des Gezeitenbereichs Schutz. Wenn die Flut zurückgeht, richtet sich der Blasentang dank seiner Luftkammern wieder auf. Blasentang kommt an allen Felsenküsten kalter Meere in Überfülle vor. Abgerissene Teile wachsen sich wieder zu vollständigen Pflanzen aus. (*Ed Cooper*)

24 Obschon die Grüne Seeanemone (*Anthopleura xanthogrammica*) eine solitäre Art ist, finden sich in diesem bei Ebbe trokkenen Becken auf der Olympic Peninsula im nordwestamerikanischen Bundesstaat Washington ganze Kolonien dieser Blumentiere, wie übrigens in vielen Regionen ihres weiten pazifischen Verbreitungsgebiets von der Beringstraße bis hinunter nach Panama. Die rund tausend Arten der Ordnung Aktinien, Seerosen oder Seeanemonen sind weltweit in allen Meeren vom Gezeitenbereich bis in die Tiefsee verbreitet und ernähren sich ausschließlich von lebender oder toter tierischer Nahrung, die sie mit ihren nesselkapselbesetzten Tentakeln zur Mundöffnung führen. Die meisten Arten vermögen sich auf ihrer Fußscheibe mehr oder weniger schnell zu verschieben. Eine Seerose kann bis zu hundert Jahre alt werden und dabei Jahrzehnte am selben Standort verharren. (*Ed Cooper*)

26 *Pollicipes polymerus* ist eine Entenmuschel der nordamerikanischen Pazifikküste, die hier dichtgesät zwischen Miesmuscheln (*Mytilus edulis*) an Felsblöcken im Gezeitenbereich sitzt. Ihr Vorderkopf bildet den bis acht Zentimeter langen Stiel, mit dem sie sich an der Unterlage festklammert. Daran schließen sich das „Capitulum" oder Köpfchen, der Brustteil mit den Rankenfußpaaren und der Hinterleib an. In diesem sind achtzehn oder mehr Kalkplatten eingelagert, die das ganze Tier bedecken. (*Ed Cooper*)

27 Wenn die Flut zurückkehrt und die Gemeine Seepocke (*Balanus balanoides*) zu fressen beginnt, öffnen sich die paarigen Schild- und Rückenplatten, die das Tier vor dem Austrocknen durch Luft und Sonne schützen. Mit den befiederten Rankenfüßen filtert es dann mikroskopisches Plankton aus dem Wasser. (*Jane Burton/Bruce Coleman, Ltd.*)

28 Trotz ihres blütenartig zarten Aussehens sind Seerosen oder Seeanemonen räuberische Tiere. Ihre Blütenblätter, hier bei der Seedahlie (Tealia coriacea) aus den Nordmeeren, sind mit Nesseln besetzte Tentakel, die vorbeischwimmende Beute – tierisches Plankton und Fischchen – einfangen und lähmen. Zwischen Riesenaktinien (Gattung *Stoichactis*) und bestimmten Fischen haben sich jedoch enge Lebensgemeinschaften gebildet. Die Anemonenfische dürfen sich in dem gefährlichenTentakelwald unbehelligt verstecken und locken dafür andere Fische in den sicheren Tod. Eine ähnliche Symbiose besteht zwischen Seerosen und bestimmten Garnelen oder Einsiedlerkrebsen und Seeanemonen. (*Robert Lee/ Photo Researchers, Inc.*)

30 Die gemeine Entenmuschel (*Lepas spec.*) hat jeden erdenklichen Platz auf einem im Meer vor Britisch-Kolumbien treibenden Stamm ausgenützt. In gleicher Weise besiedeln Entenmuscheln die Pfähle von Anlegestellen, Schiffsrümpfe, ja selbst die verwandten großen Meereicheln. Der Schild besteht aus fünf einzelnen Platten; im Aussehen erinnern die Tiere an kleine Enten oder Gänse. Im Englischen werden sie nach der Bernikelgans *barnacles* genannt, und im 11. Jahrhundert waren die irischen Mönche überzeugt, es bei der Entenmuschel mit der Jugendform dieser Gans zu tun zu haben, die aus dem Treibholz entstehe und, von ihrem Schnabel beschützt, daran hängen bleibe, bis das Gefieder gewachsen sei, um dann davonzufliegen. (*Steven C. Wilson/ Entheos*)

Leben in wanderndem Sand

32 Die vor allem nachts aktiven Sandkrabben (Gattung *Ocypode*), auch Geister-, Renn- oder Reiterkrabben genannt, eilen bei Sonnenaufgang über den Sandstrand am Indischen Ozean ihren Wohnhöhlen entgegen. Wie schon der Name sagt, sind die Rennkrabben außerordentlich flink, vor allem, wenn Gefahr droht. Sie bauen, meist oberhalb der Brandung, ein bis zwei Meter tiefe Gänge in U- oder Y-Form. Manche Geisterkrabbenarten sollen sogar auf Mangrovensträucher klettern, wo sie die Blätter wenden und die im Schatten rastenden Insekten mit blitzschnellem Zugriff erhaschen. In den kühleren Regionen ihres Verbreitungsgebiets überwintern sie hinter den Dünen. Manche Landkrabben haben ihre Atmung so sehr dem neuen Element angepaßt, daß sie im Wasser ertrinken können. (*Farrell Grehan*)

Sand ist das feindlichste Umfeld, in dem sich leben läßt. Dies gilt sowohl für Wüsten, wo eine unbarmherzige Sonne die Oberfläche aufheizt und Sandstürme Pflanzen und Tiere unter sich begraben, wie für die Meeresküsten, wo Sturmfluten und Brandung Sandstrände und -bänke aufwühlen und in Treibsand verwandeln, der für fast jede Art von Leben gefährlich wird.

Das Geheimnis des Überlebens in diesem Bereich ist, sein „Heim" unter der Oberfläche einzurichten, aber doch nicht so tief, daß man von der Sandlast erdrückt würde. Der *Emerita talpoida* – auch Maulwurfskrebs genannt – ist kugelförmig und hat kräftige Paddelfüße, mit denen er sich schnell eingraben kann, wenn ihn die zurückschwappenden Wellen mitzureißen drohen. Außerdem verankert er sich mit seinem keilartigen Schwanz, und so gesichert filtert der Sandkrebs mit den fein gefächerten Fühlern oder Antennen winzige Planktonnahrung aus den laufenden Wellen. Die Antennen wurden zu Fangnetzen umgewandelt, weil alle anderen Extremitäten ständig für das Festhalten in dem losen Grund benötigt werden. Bei veränderlichem Wasserstand schnellen sich die Krebse aus ihren Sandlöchern und graben sich bei der ihnen passenden Wasserhöhe erneut ein.

Ein Schlag Sandstrandläufer der Art *Ereunetes pusillus* fällt nun auf dem Sandstreifen ein und beginnt den rhythmisch zurückweichenden Brandungswellen zu folgen, um die sich eingrabenden Sandkrebse aus ihren Höhlen zu holen. Mehr als einer muß vor der nächsten Woge zurückweichen, bevor er Erfolg gehabt hat. Wer mehr vom Jagdglück begünstigt wurde, zieht sich auf den trockenen Strand zurück, um die Beute aus ihrem Panzer zu zerren.

In den Brandungswogen, aus denen sich Welle um Welle löst und auf dem Strand ausläuft, flitzt in offensichtlichem Durcheinander ein Schwarm Gemeiner Pampanos

(*Trachinotus*) umher; jeder Fisch ist vollauf mit dem ständigen Strömungswechsel beschäftigt. Jetzt hat ein Pampano die Kraft einer Welle unterschätzt und strandet. Doch schon mit der nächsten Woge schwimmt er wieder auf und strebt etwas benommen meerwärts – direkt vor einen zustoßenden Sandhai (*Carcharhinus milberti*). Der Hai wurde durch die heftig schlagenden Bewegungen der fressenden Pampanos angelockt, die sich im Wasser als Druckwellen fortpflanzten und von seinen Seitenlinien aufgefangen wurden. Mit dieser Reihe von Nervenknospen auf beiden Körperseiten vermögen alle Fische Wasserschwingungen und -druck, Richtung und Stärke der Strömung sowie Hindernisse wahrzunehmen. Das Organ unterschied die von den Pampanos verursachten Schwingungen von jenen der Brandung und leitete die Signale ins Gehirn des hungrigen Hais weiter. Hier wurde die Botschaft verstanden: Nahrung!

In der Nähe der möglichen Beute übernehmen der hervorragende Geruchssinn und die scharfen Augen des zwei Meter langen lebenden Torpedos die Steuerung, und der Raubfisch schießt durch ein enges Wellental auf den Pampano los. In verzweifelter Flucht verläßt dieser sein angestammtes Element erneut und springt hoch über die weißen Schaumkronen – die Spur von Schwingungen und Geruch ist unterbrochen. Der Hai dreht ab und nimmt die Verfolgung der anderen Pampanos auf, aber diese haben sich bereits zerstreut.

Unvermittelt erhöht der Sandhai seine Geschwindigkeit und schwimmt nun schnell parallel dem Strand entlang, bis er auf einen vertrauten Gegner, zugleich ein mögliches Opfer, stößt, einen Südlichen Stachelrochen (*Dasyatis americana*), der mit seinen „Flügeln" und dem Schwanz den Sandboden peitscht, um eine eingegrabene Venusmuschel (Familie *Veneridae*) freizulegen. Der Rochen bemerkt den heranschießenden Hai im letzten Augenlick und schlägt in Schräglage mit dem giftigen Stachelschwanz in die Flanke des Sandhais. Doch dieser hat bereits ein großes Stück aus dem Rochenkörper mitgerissen und beißt noch zweimal zu, bevor der Stechrochen sich nochmals wehren kann. Beim Verschlingen des sterbenden Rochens treibt sich der Hai aus Versehen das Stachelende in den Gaumen.

Der widerhakenbesetzte Stachel wandert schnell aufwärts in Richtung des Sehnervs des Hais. Dieser windet sich in fünf Meter Tiefe auf dem Grund und versucht den Schmerz aus Flanke und Kopf loszuwerden, als ihn ein doppelt so langer Zitronenhai (*Negaprion brevirostis*) angreift. Obschon der Sandhai geschwächt ist, setzt er sich doch in einem letzten Aufbäumen heftig zur Wehr, so daß der Zitronenhai nach einigen kräftigen Happen von dem sterbenden Gegner abläßt. Die Überreste des Sandhais sinken auf den Grund und werden von Krebsen und von Knurrhähnen (*Prionotus*) vertilgt, während das Blut und herumtreibende Weichteile winzigen Ruderfußkrebsen und anderem tierischem Plankton als Nahrung dienen. Dieses wiederum wird von der Brandung an den Strand geschwemmt, wo es in den Fangnetzen der Sandkrebse hängenbleibt.

In ähnlicher Weise wie die Sandhaie treibt der berüchtigte, bis anderthalb Meter lang werdende Blaubarsch oder Blaufisch (*Pomatomus saltatrix*) in Schwärmen seine Opfer, vor allem Heringe, aber auch andere Fische bis zu annähernd eigener Größe, auf die Küste zu und zerfleischt sie. Nicht selten stranden dabei Jäger und Gejagter. Blaubarsche sind für alle Fische fast noch gefährlicher als Haie, da sie auch alles töten, wenn sie längst satt sind.

Während Möwen sich an den verendeten Fischen gütlich tun, gräbt sich von unten her eine Mondschnecke an einen sterbenden Blaubarsch heran. Es ist ein Atlantisches Haiauge (*Polinices duplicatus*), das von Massachusetts bis Mexiko verbreitet ist und trotz seiner bescheidenen Größe von etwa fünf Zentimetern zu den erfolgreichsten „Räubern" an diesen Küsten gehört.

Die zu den Nabelschnecken gehörenden Mondschnecken graben sich mit dem pflugartigen Fuß in den Sand ein und orten ihre Beute, meist Muscheln oder andere Schneckenarten, mit dem Geruchs- und dem Tastsinn. Und wenn ein Haiauge eine Muschel gefunden hat, bleibt für diese wenig Hoffnung. Die Schnecke erzeugt in einem unter der Mundöffnung gelegenen Organ eine schweflige Säure, mit der sie ein Loch in die dickste Muschelschale zu bohren vermag. Dann schiebt sie den Rüssel mit der Raspelzunge in das Loch und zerstückelt ihre Beute.

Mondschnecken sind zwittergeschlechtlich und legen ihren Laich in Form einer viktorianischen Halskrause ab, die aus Sand und einer klebrigen Flüssigkeit besteht, die den schlüpfenden Schneckchen als erste Nahrung dient, bevor sie im Sandgrund auf winzige Muscheln Jagd zu machen beginnen.

Für die meisten Bewohner des lebendigen Sandes im Brandungsbereich ist eine flache, unscheinbare Form die beste Gestalt, um zu überleben. Die an der amerikanischen Atlantikküste häufigen, wie große Münzen geformten Sanddollars der Gattung *Echinarachnius* sind Seeigel, die die schützenden langen Stacheln aufgegeben haben, weil sie in diesem Bereich nur hinderlich wären. Die meisten Seeigel sind übrigens recht beweglich, wenn man bedenkt, daß sie eine Schale aus zusammengewachsenen Kalkplatten besitzen. Winzige Röhrenfüße ermöglichen es ihnen, sich mit fast schwerelos wirkender Leichtigkeit vorwärtszuschieben und die verschiedensten organischen Stoffe unter ihrer Schale zu begraben, wo sie von dem fünfkiefrigen Mundapparat aufgenommen werden. Das eigenartige Kiefergerüst wird seit Plinius dem Älteren „Laterne des Aristoteles" genannt .

An allen sandigen Küsten finden sich Lebensformen, die im Meer entstanden sind und sich dem Leben an Land angepaßt haben. Für den Sandfloh (*Talorchestia longicornis*) wie für den Küstenhüpfer (*Orchestia gammarellus*) und für Geisterkrabben (*Ocypode albicans*) ist der schmale feuchtwarme Streifen Sand zwischen Festland und Wasser der einzige mögliche Lebensraum, wo sie sich von allerlei angeschwemmtem organischem Material ernähren. Und obschon diese Krebse aus dem Meer stammen, von ihm ernährt werden und ihre Larven im Wasser aufwachsen, müssen erwachsene Tiere ertrinken, wenn sie von einer heftigen Brandungswelle zu weit hinausgespült werden.

Andere Lebensformen haben das Meer vor Jahrmillionen verlassen und sind später wieder ins Naß zurückgekehrt. Im Gegensatz zur Geisterkrabbe, die ans Wasser gebunden ist, um ihre Atmungsorgane feucht zu halten und sich fortzupflanzen, müssen Robben und Meeresschildkröten ihr neugewähltes Lebenselement verlassen, um an Land – der Heimat der Säuger und Reptilien – zu gebären beziehungsweise ihre Eier im Sand zu vergraben.

37 Schlüpfende Unechte Karettschildkröten (*Caretta caretta*) krabbeln aus ihrer sandigen Eihöhle an einem Strand in Florida heraus. Sie wenden sich sofort „bergabwärts" dem offenen Horizont und damit dem Atlantischen Ozean entgegen. Einen Monat zuvor hatten hier Hunderte von Schildkrötenweibchen mit ihren löffelförmigen Hinterflossen rund sechzig Zentimeter tiefe Löcher ausgehoben und innerhalb von zehn Minuten jeweils über hundert Eier gelegt. Die winzigen Schildkrötchen schlüpfen alle gleichzeitig und streben gemeinsam der Brandung entgegen. Wie alle Meeresschildkröten gehört auch die Unechte Karettschildkröte zu den gefährdeten Arten. Die Nistplätze reichen von der südamerikanischen Ostküste bis hinauf nach Virginia, und in den Vereinigten Staaten sind sie geschützt, so daß sie zumindest vor Eiersammlern sicher sind. Allerdings fallen viele den Schleppnetzen der Garnelenfischer zum Opfer. Alle vier Arten der Meeresschildkröten und die verwandte riesige, bis zu sechshundert Kilo schwere Lederschildkröte ernähren sich sowohl von tierischer wie pflanzlicher Kost. (*Moira und Rod Borland/Bruce Coleman, Inc.*)

38 Die gut entwickelten Stielaugen der Geister- oder Sandkrabbe (Gattung *Ocypode spec.*) können in die darunterliegenden Kammern zurückgezogen werden, wenn sich das Tier im Sand eingräbt. (*Joe McDonald/Bruce Coleman*)

40 Auf einer Insel im Korallenmeer vor Nordostaustralien hat ein Landeinsiedlerkrebs der Gattung *Coenobita* seinen empfindlichen Hinterleib mit einer Meeresschneckenschale geschützt. Da Einsiedlerkrebse anscheinend mit ihrem augenblicklichen Heim nie zufrieden sind, untersuchen sie jedes leere Schneckenhaus, dem sie begegnen. Der über dreißig Zentimeter groß werdende Palmendieb (*Birgus latro*) von den Küsten des Indopazifiks ist übrigens so gewandt, daß er auf Palmen klettert, die Kokosnüsse mit seinen kräftigen Zangen abschneidet und dann am Boden öffnet. (*Howard Hall*)

42/43 Wenn die an pazifischen und südatlantischen Sandstränden so häufigen Sanddollars von den Banken in Zahlung genommen würden, wären „Strandstreicher" schnell reich. Bei dieser wissenschaftlich *Clypeasteroidea* genannten Ordnung handelt es sich um scheibenförmig abgeflachte Seeigel; sie leben halb vergraben in sandigen Böden unter Wasser und ernähren sich von Plankton und anderem organischem Material, das ihre kurzen, dichten Stacheln der Mundöffnung an der Unterseite zuspülen. An der Küste des Westatlantiks findet man von Nantucket (Massachusetts) bis hinunter nach Brasilien nur die angeschwemmten „Skelette" der Art *Mellita testudinata* aus der Familie der „Schlüselloch-Sanddollars" (42). Die Art *Dendraster excentricus* mit asymmetrischem Körperbau kann hingegen bei Niedrigwasser an der nordamerikanischen Pazifikküste häufig beobachtet werden. Seesterne marschieren auf Hunderten von Füßchen, die den Körper wie winzige Stelzen über alle Hindernisse hinwegtragen. Dabei übernimmt meist der Arm die Führung. Manche Arten können bei Bedrohung bis zu dreißig Zentimeter in der Minute zurücklegen. (*LarryWest; George und Lois Cox*)

44/45 Der Magellanpinguin (*Spheniscus magellanicus*) brütet auf den Falklandinseln und in Patagonien in über drei Meter tiefen Höhlen, die er in Sanddünen, Steilufern oder Grasböschungen über dem Strand gräbt. Die beiden Eier liegen in der Höhle auf einem Nesthügel aus Steinen, Ästen, Blättern und Federn, so daß sie auch trocken bleiben, wenn der Eingang überflutet wird. Magellanpinguine ernähren sich von Tintenfischen, Kalmaren und kleinen Fischen, die sie mit ihren kräftigen, leicht klaffenden Schnäbeln erbeuten. Von allen Arten haben sie im Verhältnis zur Körpergröße die kürzesten Paddelflügel. Wenn es zu heiß wird, spreizen Pinguine die Flügel horizontal ab, um sich Kühlung zu verschaffen. Da sie eine wärmere Region besiedeln, haben Magellanpinguine weit weniger dicke Fettpolster und kürzere Federn als die antarktischen Arten. Noch viel ausgeprägter ist dies bei den Galapagospinguinen, die bereits in tropischen Gefilden leben. (*Roger Tory Peterson/Photo Researchers, Inc.; Gunter Ziesler/Photo Researchers, Inc.*)

46 Halb im Sand vergraben, sind Schwarze Scherenschnäbelküken (*Rynchops nigra*) an den Stränden der amerikanischen Atlantikküste für Wanderer kaum zu sehen. Bei allen im offenen Gelände nistenden Bodenbrütern finden sich ähnliche Anpassungen der Eier und der Jungvögel an ihre Umgebung. Das Verbreitungsgebiet dieser ans Meer und größere Ströme gebundenen Art erstreckt sich von New Jersey bis zum Rio de la Plata. Beim Fischen fliegen erwachsene Scherenschnäbel in der Dämmerung und nachts knapp über der Oberfläche, wobei der viel längere Unterschnabel durch das Wasser pflügt. Sobald er auf ein Beutetier stößt, klappt der Oberschnabel zu, und der Vogel verschluckt die Beute im Flug. Bei jungen Scherenschnäbeln sind beide Schnabelteile gleich lang, so daß sie die von den Eltern ausgewürgten Fische aufnehmen können. Altvögel wären dazu nicht in der Lage. (*Richard Kolar/Animals Animals*)

48 Wie die meisten Plattfische verbringt der Kalifornische Heilbutt (*Paralichthys californicus*) nach der Umwandlung des Jungfisches sein Leben auf dem Meeresgrund in Tiefen bis etwa hundert Meter, wo er zu einer Länge von anderthalb Metern und einem Gewicht von dreißig Kilo heranwachsen kann, wobei er sich vor allem von Kopffüßern und kleineren Fischen ernährt. Die Augen sind bei der Umwandlung auf die Seite gewandert, die jetzt den Rücken bildet und deren Färbung der Kalifornische Heilbutt seiner Umgebung anzupassen vermag. Die Unterseite des Fisches ist weiß. (*Howard Hall*)

50 Um bei der Regulierung seiner Körpertemperatur mitzuhelfen, schaufelt dieser nördliche See-Elefant (*Mirounga angustirostris*) Sand auf seinen Rücken. Diese mächtige Robbenart des Nordpazifiks wurde im letzten Jahrhundert beinahe ausgerottet; 1892 waren gerade noch zwanzig Exemplare bekannt. Inzwischen hat sich der Bestand der See-Elefanten wieder so weit erholt, daß die Wurfplätze auf den Inseln vor der niederkalifornischen Küste übervölkert sind und kleine Herden für die Aufzucht ihrer Jungen auf die Festlandküste ausgewichen sind. (*Jeffrey Foott*)

Mangroven und Sümpfe

52 Der Silberreiher (*Casmerodius albus*) ist weltweit in den subtropischen und tropischen Gebieten und in ganz Australien verbreitet. Bei Beginn der Brutzeit bilden beide Geschlechter auf dem Rücken lange, zerschlissene Schmuckfedern aus, die bei der Balz wie ein Pfauenrad aufgestellt werden. Diese „Reiherfedern" waren vor allem um die Jahrhundertwende so in Mode, daß der Silberreiher und verwandte Arten wie der Schmuckreiher beinahe ausgerottet worden wären. Eine Unze Federn (28 Gramm), für die man vier Reiher schießen mußte, war 1903 32 Dollar wert, doppelt soviel wie Gold! Um den Londoner Umsatz an Reiherfedern in einem einzigen Jahr zu decken, wurden beinahe zweihunderttausend Vögel in ihren Horsten geschossen, die Eier ließ man verfaulen, die Jungvögel verhungern. Einer der ersten großen Erfolge der amerikanischen Audubon Society war es, Gesetze zum Schutz von Vogelarten durchzusetzen, die wegen ihrer Federn bejagt wurden. (*Wendell Metzen*)

Auch Steine leben nicht ewig. Im Lauf der Zeit lassen die Kräfte der Verwitterung Felsblöcke zu Kies, Kies zu Sand und Sand zu Schlamm werden. Dieser Schlamm, reich an Mineralstoffen und daher fruchtbar, wird von den Flüssen ins Meer geschwemmt und durch Strömungen entlang der Küste abgelagert. Zwischen Wasser und Land, wo im Wattenmeer Halbinseln und Inseln sich bilden und wieder verschwinden, finden wenige Pflanzen und dafür um so mehr Tiere günstige Lebensbedingungen.

Den Pflanzen macht der Salzgehalt des Bodens zu schaffen. Nur wer sich dieser besonderen Umgebung angepaßt hat, kann hier Wurzeln schlagen, und je nach geographischer Breite und nach Klima ändert sich die Zusammensetzung der Vegetation.

Während am Wattenmeerrand Binsen und andere Salzgräser vorherrschen, sind für tropische Schlickküsten die Mangrovenwälder charakteristisch. Der Mangle- oder Mangrovenbaum (*Rhizophora mangle*) bildet an Stamm und Ästen zahlreiche Luftwurzeln aus. Die Stammwurzeln setzen deutlich über dem Boden oder Grund an, so daß die Mangrove auf Stelzen zu stehen und mit Seilen verankert zu sein scheint. Die Luftwurzeln sind eine Anpassung an den Wechsel von Ebbe und Flut, an die schlechte Durchlüftung des Schlicks und an den durch Verdunstung erhöhten Salzgehalt des Flachwassers. Der Samen der Mangroven keimt bereits in der Frucht und wächst nach dem Herunterfallen sofort fest, wenn er an einer geeigneten Stelle angetrieben wird. So entstehen rund fünfzehn Meter hohe, undurchdringliche Dickichte mit einem Gewirr von Wurzeln und Stämmen, Salzsümpfen und Morasten, die immer weiter ins Meer hinauswachsen und in denen eine reiche Tierwelt ungestörte Lebensräume vorfindet.

Eine typische Wasserbewohnerin der Mangrovensümpfe ist die Braune Garnele (*Penaeus aztecus*). Und auch sie ist wie der Mangrovensamen ein Wunder an Anpassung. Die Garnelenweibchen legen annähernd eine Million Eier, aus denen die Larven innerhalb von 24 Stunden schlüpfen. Tagsüber verstecken sie sich auf dem Grund, wo sie sich zum Teil im Schlamm eingraben, während sie sich nachts im Oberflächenwasser aufhalten, pflanzliches und tierisches Plankton fressen und rasch wachsen. Erwachsene Braune Garnelen können bis zu zwanzig Zentimeter lang und rund zwei Jahre alt werden.

Bis 1949 war die nächtliche Aktivität dieser Garnelen unbekannt. Die Garnelenfischer warfen ihre Schleppnetze am Tag aus und kehrten nur zu oft mit mageren Fängen zurück, bis einem der Männer auffiel, daß sich das Netz bei der abendlichen Heimfahrt in einem Gebiet füllte, das tagsüber unergiebig gewesen war. Seither haben die amerikanischen Garnelenfischer ihren Fahrplan geändert: Nun laufen sie am Abend aus und erzielen während der Nacht gute Fangergebnisse.

Da sitzt nun also eine Braune Garnele auf einem treibenden Mangrovenkeimling und untersucht seine algenbesetzte Oberfläche mit den Mundwerkzeugen nach Eßbarem. Ihre Sinnesorgane in den beiden Antennenpaaren, den Fühlern, an den Beinen und Mundwerkzeugen reagieren auf Geschmack, Geruch und Erschütterungen, während die hervorragenden Komplexaugen Bewegungen und Helligkeitsveränderungen wahrnehmen. Plötzlich schreckt unsere Garnele auf und will sich mit zwei, drei kräftigen Schwimmstößen des fächerartigen langen Schwanzes unter den Mangrovenwurzeln in Sicherheit bringen. Zu spät. Der Graue Schnapper (*Lutianus griseus*) ist schneller und zerdrückt mit kräftigen Bissen den Krebspanzer, bevor er seine Beute hinunterschluckt.

Ein großer Barrakuda (*Sphyraena barracuda*) steht bewegungslos im Schatten, den der Mangrovensaum auf das Wasser wirft. Der fast drei Meter lange Pfeilhecht ist satt, hat er doch heute bereits einen kleineren Artgenossen und eine Meeräsche verschlungen. Doch die Verfolgungsjagd des Schnappers löst bei dem auf Sicht jagenden Barrakuda den Angriffsmechanismus aus. Er stößt zu und beißt das Rückgrat des kleineren Fisches entzwei. Das Leben im Meer besteht wie in allen Lebensräumen aus Fressen, Fortpflanzen, Flucht und dem Tod beziehungsweise dem Gefressenwerden durch andere Organismen.

Wie die Mangroven wachsen auch die Marschgräser im Übergangsbereich von Wasser und Land, und beide Pflanzengattungen haben zwei unterschiedliche Formen entwickelt, die aneinanderstoßende Vegetationszonen besiedeln: jene, die regelmäßig vom Gezeitenwechsel erfaßt wird, und jene, die nur bei extremen Wasserständen überflutet wird. So wächst das hohe, kräftige Marschgras *Spartina alterniflora* auf den Schlammbänken von Ebberinnen, die zweimal täglich überflutet werden, während das feinere und kürzere *Spartina patens* die Dünen über dem Gezeitenbereich besiedelt und gegen den Angriff der Wogen schützt. Die beiden Grasarten finden sich oft eng nebeneinander, da wenige Zentimeter Höhenunterschied über die Zugehörigkeit zur einen oder anderen Vegetationszone entscheiden können. Sie bilden dicke Büschel aus abgestorbenen und neu sprießenden Halmen, und im feuchten Sand unter diesem „Strohdach" finden sich zahllose winzige Lebewesen, die wiederum anderen Organismen des Gezeiten- und Uferbereichs als Nahrung dienen.

Die Rote Mangrove verträgt ebenso wie *Spartina alterniflora* die tägliche Sättigung des Grundes mit stark salzhaltigem Meerwasser. Einige Zentimeter höher wird sie von der Schwarzen Mangrove (*Avicennia nitida*) abgelöst. Marschgras und Mangrove können in dem salzhaltigen Lebensraum gedeihen, weil der Zellsaft ihrer Wurzeln salzabweisend ist. Und das wenige Salz, das die Pflanze absorbiert, wird durch besondere Poren auf der Blattoberfläche in Form glitzernder Kristalle wieder ausgeschieden, die vom Regen oder von der nächsten Flut abgewaschen werden.

Der Schlamm im Gezeitenbereich bleibt auch bei Ebbe – abgesehen von der Oberfläche – feucht, da die Tonpartikel genügend Wasser zu binden vermögen. Damit können verschiedene Wasserlebewesen in diesem Schlick überleben. Doch die ständige Sättigung bedeutet auch, daß nur wenig Frischwasser und damit Sauerstoff in diese Zonen eindringen kann. Deshalb sind die tieferen Schlickzonen in erster Linie von anaeroben Bakterien besiedelt, die keinen Sauerstoff benötigen, um abgestorbenes pflanzliches und tierisches Material zu zersetzen. Die Wurzelballen von *Spartina patens* bilden unter der Schlammoberfläche, aber über der sauerstoffarmen Zone zusammenhängende Matten, während die Wurzeln der Schwarzen Mangrove bis in diese hinabreichen und deshalb Luftwurzeln nach oben schicken müssen, die sie mit Sauerstoff versorgen. Eine vergleichbare Anpassung an das Leben im sauerstoffarmen Schlick findet sich bei verschiedenen Muschelarten. So streckt die Strandauster (*Mya arenaria*), auch Schlickauster oder Gemeine Klaffmuschel genannt, eine Atmungs- und Ernährungsröhre, den Syphon, ins freie Wasser hinauf, während das Tier bis zu dreißig Zentimeter tief eingegraben ist.

Schlammküsten mit ihren Mangrovendickichten und Salzgraswiesen bildeten auch den Ausgangspunkt der „Eroberung" des Festlandes durch Pflanzen und Tiere, und selbst heute noch finden sich Beispiele von Meeresorganismen, die von einem Bereich in den anderen überwechseln können. So kriechen die vom tropischen Westafrika bis nach Polynesien verbreiteten Schlammspringer (Gattung *Periophthalmus*) bei Ebbe auf verlängerten Armen auf dem feuchten Schlick, sonnen sich und schnappen nach Insekten und kleinen Krebsen. Dabei atmen diese Fische mit Hilfe von blutgefäßreichen Säcken der Mund- und Kiemenhöhle. Die Haut ist mit einer Hornschicht überzogen und enthält wassergefüllte Zellen, die als Druckpolster dienen. Die froschartig herausstehenden Augen können einzeln eingestellt werden, so daß der Schlammspringer mit dem einen Auge einen möglichen Feind und mit dem anderen eine lockende Beute beobachten kann. Manche Arten fliehen bei Gefahr ins Wasser, andere in Richtung Land. Wie andere Grundelarten bauen die Schlammspringer Nester zur Aufzucht ihrer Jungen. Es sind Trichter, die von der Flutlinie bis ins Grundwasser hinabreichen, wo die befruchteten Eier abgelegt werden und die Jungfische schlüpfen. Die Mutter bewacht das Nest an „Land" liegend. Sobald die Augen der Fischlarven nach oben gewandert sind und sich die Brustflossen umgewandelt haben, machen die Jungfische ebenfalls ihre ersten Spaziergänge auf dem Trockenen.

Salzgraswiesen und Mangrovenwälder bieten einer vielfältigen Vogelwelt einen reich gedeckten Tisch, und allgegenwärtig sind dabei verschiedene Rallenarten, die auf der Jagd nach Insekten, Fischen, Krebschen und Weichtieren unauffällig durch die Dikkichte schlüpfen. Wie andere Seevögel besitzen sie als Anpassung an die stark salzhaltige Diät Nasendrüsen, durch die das überschüssige Mineral ausgeschieden wird. Dieser Lebensraum ist aber auch ein bevorzugtes Jagdrevier von Greifvögeln wie etwa der Kornweihe (*Circus cyaneus*) und dem Fischadler (*Pandion haliaetus*).

57 Der in Mittelamerika und bis Südkanada vorkommende Grünreiher (*Butorides striatus incl. virescens*) ist geradezu das Gegenteil des typischen Reihers. Statt eines langhalsigen Geschöpfes, das hochbeinig auf Beutefang durch die Gewässer watet, ist er klein, eher kurzhalsig und gedrungen. Dafür können Grünreiher hervorragend schwimmen und tauchen; bei Gefahr sollen sie sich durch Untertauchen in Sicherheit bringen. Grünreiher ernähren sich sowohl von kleinen Fischen wie von Krebstieren und Wasser- und Landinsekten. (*Rick Sullivan und Diana Rogers/ Bruce Coleman, Ltd.*)

58 Ein Schwarm Silberreiher (*Casmerodius albus*) und einige Great Blue Heron oder Amerikanische Graureiher (*Ardea herodias*) fischen in einem schattigen Mangroventeich an der Küste Floridas. Manche Wissenschaftler nehmen an, daß das leuchtendweiße Gefieder der geselligen Silberreiher, das aus der Luft von weither sichtbar ist, Artgenossen anlockt. Jedenfalls fischen die Vögel Fischteiche regelrecht leer, bevor sie zu einem anderen vielversprechenden Gewässer weiterziehen. (*M.Philip Kahl*)

60/61 Der amerikanische Graureiher (*Ardea herodias*) ist etwas größer als unser einheimischer Graureiher und hat einen schwarzen Bauch und rote Hosen. Zur Brutzeit verfärbt sich das Gefieder intensiv blau. Dem Vogelmaler und Ornithologen Audubon war das eigenartige Balzverhalten des Great Blue Heron, wie er in Amerika genannt wird, aufgefallen, bei dem die Männchen sich in regelrechten Turnieren vor den Weibchen messen, wobei sie ihre Schnäbel wie Fechterdegen benutzen. Gelegentlich sollen Amerikanische Graureiher nicht nur im Waten jagen, sondern wie Pelikane auf den Wogen schwimmen. (*Carl Kurtz; M. Philip Kahl*)

62 In Einerkolonne zieht ein Trupp Roter Flamingos (*Phoenicopterus ruber ruber*) durch eine Küstenlagune in Venezuela. Die amerikanische Unterart dieser größten Flamingogattung, die in der Alten Welt durch den Rosaflamingo (*Ph. r. roseus*) vertreten ist, brütet in der Karibik und auf den Galapagosinseln. Im Verhältnis zur Körpergröße haben die Flamingos mit ihren charakteristischen Seihschnäbeln die längsten Beine und Hälse. (*Karl Weidmann*)

64/65 Der in Amerika von Florida bis Patagonien verbreitete Rosalöffler (*Ajaia ajaia*) entspricht in Verhalten und Lebensweise dem einheimischen Löffler (*Platalea leucorodia*). Wie bei den meisten Watvögeln ist die Gefiederfärbung beim Rosalöffler zu Beginn der Brutzeit besonders ausgeprägt. Der prächtig orangefarbene Schwanz bleibt jedoch das ganze Jahr über erhalten. Löffler nehmen ihre Nahrung – Fischchen, Insekten, Krebse und Weichtiere – mit „schlabbernden" Bewegungen des seltsam geformten Schnabels auf, dessen Innenseite mit berührungsempfindlichen Organen besetzt ist. Die Jungvögel holen sich den heraufgewürgten Nahrungsbrei tief aus dem Schnabel des Elternvogels; im Alter von etwa vier Wochen beginnen sie mit ersten Flugversuchen und verlassen dann den Baumhorst. (*Caulion Singletary*)

66 Der rote Sichler oder Scharlachibis (*Eudocimus ruber*), der vor allem in den Mangrovenwäldern entlang der südamerikanischen Nordküste und auf vorgelagerten Karibikinseln vorkommt, gehört sicherlich zu den farbenprächtigsten Vögeln der Welt. Auf Trinidad ist er bei der Erlangung der Unabhängigkeit im Jahre 1962 zum Nationalvogel proklamiert worden; hier sind seine Brutgebiete in den Caroni-Sümpfen zu einer Touristenattraktion geworden. Und Schwärme von bis zu zweihundert Scharlachibissen, die vor dem tiefblauen tropischen Himmel zu ihren Horsten zurückkehren, sind tatsächlich ein einzigartiges Naturschauspiel. Bei den beiden rosafarbigen Tieren handelt es sich um Halbwüchsige. (*Sven Lindblad/Photo Researchers, Inc.*)

Im Unterwasserdschungel

68 Giant Kelp oder Birntang (*Macrocystis pyrifera*) ist die am schnellsten wachsende Pflanze der Welt. Vor der nordamerikanischen Pazifikküste bildet er riesige, dichte unterirdische Wälder. Die großen Triebe wachsen täglich bis zu sechzig Zentimeter. Die birnenförmigen Verdickungen sind mit Kohlenmonoxyd gefüllt und tragen die gezähnten Blätter, die so gegen die Oberfläche emporsteigen und wie die Blätter eines Baumes durch Photosynthese die Pflanze mit Nahrung versorgen. Der Stamm oder Stiel des Birntangs ist im Meeresgrund verankert und kann während der vier- bis fünfmonatigen Lebenszeit hundert und mehr Meter lang werden. (*Douglas Faulkner*)

Mangroven und Marschgräser sind keine Meerespflanzen, sondern haben sich als Landpflanzen dem salzhaltigen Küstenbereich angepaßt. An pflanzlichem Leben findet man im Meer nur Algen, Seegras und mikroskopisch kleines Plankton. Da alle Pflanzen zum Gedeihen Sonnenlicht brauchen, kommen sie nur in den obersten, lichtdurchfluteten Wasserschichten vor. Hier allerdings haben die Algen mit den verschiedenen Tangarten Formen entwickelt, die es an Mächtigkeit mit allen Landpflanzen aufnehmen. Die Unterwasserdschungel, die beispielsweise Birntang (*Macrocystis pyrifera*) bildet, wirken wie die surrealistische Vision einer riesigen Kathedrale. Mächtige, leise hin und her schwankende, grünliche und gelbliche Bänder streben wie Pfeiler in die Höhe, und dazwischen funkeln rote und blaue Triebe wie die Glasrosetten gotischer Gotteshäuser. Diese englisch Giant Kelp genannte, vor der Pazifikküste Nordamerikas wachsende Tangart hält sowohl den Größen- wie den Wachstumsweltrekord: Birntang kann pro Tag bis zu sechzig Zentimeter wachsen und über hundert Meter lang werden. Der an den europäischen Küsten häufigste Seetang ist der Gemeine Blasentang (*Fucus vesiculosus*), dessen Blasen oder Luftkammern den im Boden wurzelnden Trieben den nötigen Auftrieb verleihen.

Seetangdschungel sind ein attraktiver Lebensraum für die verschiedensten Meeresorganismen. Sardellenschwärme (*Engraulis sp.*) flitzen durch den „Kronenbereich" an der Oberfläche, gehetzt von silbern und blau aufblitzenden Bastardmakrelen (*Trachurus trachurus*), auch Stöcker genannt. Zwanzig Meter tiefer, wo der Tang im Meeresgrund stockt, lauert ein Blauer Drachenkopf (*Sebastes mystinus*) einem Schwarm Jungfische der eigenen Art auf. Wie der zur gleichen Familie gehörende Gold- oder Rotbarsch (*Sebastes marinus*) ist er lebendgebärend; ein einziges Weibchen setzt nicht weniger als eine halbe Million Fischlarven frei. Die Jungfische sind

bis zu einer Größe von etwa sechzehn Zentimetern ziegelrot und verfärben sich dann allmählich, bis sie bei Geschlechtsreife ein Schieferblau erreicht haben.
Ein mächtiger, alter Kalifornischer Judenfisch (*Stereolepis gigas*) von fast zwei Metern Länge und dreihundert Kilo Gewicht zieht nun mit angemessener Würde über den Dschungelboden hin. Er bildet hier unten das Ende der Nahrungskette und wird bei seinem Ende – er kann über hundert Jahre alt werden – wohl eher den Krabben und anderen Bodenbewohnern zum Opfer fallen als dem Weißhai (*Carcharodon carcharias*), der den Rand des verfilzten Gewirrs nach unvorsichtigen Kalifornischen Seelöwen (*Zalophus californianus*) absucht.
Am felsigen Abbruch zwischen Küste und Kelpwald erscheint nun ein Seeotter (*Enhydra lutris*) und schlägt mit einem Stein, den er zwischen den Vorderpfoten hält, einen Seeigel los. Er taucht mit seiner Beute und dem Werkzeug auf, dreht sich auf den Rücken, deponiert den Stein auf dem Bauch und zerbricht Stacheln und Schale des Stachelhäuters auf diesem Amboß. Dann entledigt er sich mit einer eleganten Drehung des Steins und der ungenießbaren Teile und verzehrt das weiche Innere.
Die im Wasser schwebenden Seeigelreste locken hungrige Mäuler an: Die Sardellen und Bastardmakrelen erscheinen auf der Bildfläche, gefolgt von Gelbschwanzmakrelen (*Seriola dorsalis*), und zupfen wie wild an den Resten, die langsam auf den Grund sinken, wo sie auch den jungen Drachenköpfen willkommen sind.
Seetang kommt meistens in Küstennähe vor, wo die Algen noch Fuß fassen können. Es gibt aber auch frei treibende Seetangwiesen. Das größte und bekannteste Vorkommen ist die Sargassosee, ein über acht Millionen Quadratkilometer großer Teil des Atlantiks zwischen den Bermudas, den Westindischen Inseln und den Azoren. Hier im warmen Wasser des Golfstroms finden sich ausgedehnte Regionen mit schwimmendem rotbraunem Beerentang oder *Sargassum*. Die acht verschiedenen Beerentangarten kommen zum Teil auch an den felsigen Küstenschelfen der tropischen Meere vor, weshalb man annahm, daß der treibende Tang in der Sargassosee von da her stamme. Spätere Untersuchungen haben jedoch ergeben, daß sich der Beerentang mit seinen gasgefüllten Bläschen vor allem durch Teilung fortpflanzt, indem Wind und Wellen einzelne Triebe abbrechen, die dann wieder weiterwachsen. So ist Sargassotang gewissermaßen „unsterblich"; jene Organismen, durch die Christoph Kolumbus 1492 bei seiner ersten Atlantiküberquerung pflügte, leben vielleicht heute noch, und möglicherweise werden sie auch die Menschheit überdauern.
Eine besondere Bedeutung besitzt die Sargassosee als Laichgebiet des europäischen

Flußaals (*Anguilla anguilla*). Jahrhundertelang war der Fortpflanzungszyklus dieser schlangenähnlichen Fische geheimsnisumwittert. Heute weiß man, daß die aus den Eiern geschlüpften Aallarven von ihrem Geburtsort in den Tangwiesen der Sargassosee viele tausend Kilometer ostwärts ziehen beziehungsweise vom Golfstrom getragen werden, bis sie nach drei Jahren als fast durchsichtige, sieben Zentimeter lange, weidenblattförmige Jungaale die irische und spanische Küste erreichen. In diesen Gewässern beginnt die Umwandlung zum Glasaal mit der bekannten Aalgestalt. Sie verfärben sich allmählich gelblich-oliv und steigen nun die Flüsse hinauf. Nach neun bis fünfzehn Jahren – die Männchen sind nun etwa fünfzig, die Weibchen bis zu hundertfünfzig Zentimeter lang – bereiten sie sich auf die Rückwanderung zu ihrem Laichplatz im Sargassomeer vor. Während des vier- bis siebentausend Kilometer langen Zuges erreichen die anfänglich fetten Blank- oder Silberaale die Geschlechtsreife, und nach dem Ablaichen in etwa vierhundert Meter Tiefe im Sargassotang sterben die Elterntiere. Beim nahe verwandten Amerikanischen Aal (*Anguilla rostrata*) ist die Larvenzeit auf ein Jahr verkürzt , da seine etwas südlicher liegenden Laichplätze viel weniger weit von den ostamerikanischen Strömen entfernt sind.

Die driftenden Tangwiesen der Sargassosee bieten aber noch anderen erstaunlichen Tierformen ideale Lebens- und Aufzuchtbedingungen. So finden die an den Sandstränden der nordamerikanischen Südostküste schlüpfenden jungen Unechten Karettschildkröten (*Caretta caretta*) – haben sie es erst einmal bis hierher geschafft – in dem dichten Tanggewirr einen reichgedeckten Tisch, Schutz und Behausung. Und der Sargassofisch (*Histrio histrio*) hat die Anpassung an seinen Lebensraum bis zur Perfektion getrieben, unterscheidet er sich doch in Form und Farbe kaum von dem ihn umgebenden Tang. Außerdem sind seine Brustflossen so umgewandelt, daß er sich wie mit Händen festklammern kann. Dies ist notwendig, da er keine Schwimmblase besitzt und ein schlechter Schwimmer ist. Der Sargassotang beherbergt aber auch Seepferdchen und Seenadeln ebenso wie Krebse, Kraken und Jungfische verschiedenster Arten.

Seegraswiesen, wie sie in untiefen Küstengewässern gedeihen, muten auf den ersten Blick oft verlassen an. In Wirklichkeit sind sie der Lebensraum einer vielfältigen Meeresfauna. Weltweit kennt man etwa fünfundvierzig Arten dieser Blütenpflanzen, die gänzlich untergetaucht wachsen. An den europäischen Küsten ist das Gemeine Seegras (*Zostera marina*) am weitesten verbreitet. Die durch Stürme oft in großen Massen angeschwemmten Pflanzen wurden früher als Polstermaterial genutzt. Seetang hat heute noch immer eine beträchtliche Bedeutung als Dünger und Rohstoff der pharmazeutischen Industrie.

Seegras erreicht zwar nicht so imposante Ausmaße wie der Seetang, doch macht es dies durch die Zahl wett. Sein verflochtenes Wurzelsystem verfestigt die küstennahen Meeresböden und widersteht selbst höchsten Orkanstärken. Die Biomasse anderer Pflanzen und der Tiere in einer Seegraswiese kann übrigens jene des Grases übersteigen, und für 75 bis 90 Prozent aller kommerziell und von Sportanglern genutzten Fischarten sind die Seegraswiesen ein unersetzlicher zeitweiliger oder ständiger Lebensraum. Wie unersetzlich, zeigte sich 1931, als eine rätselhafte Krankheit fast alle Seegrasbestände auf beiden Seiten des Atlantiks vernichtete. Innerhalb eines Jahres war der Bestand beispielsweise der Ringelgans (*Branta bernicla*) auf rund zehn Prozent der vorherigen Population zurückgegangen, da diese kleinen dunklen Meergänse wegen des Fehlens ihres gewohnten Winterfutters verhungerten. In weiten Gebieten verschwanden Muscheln, Schnecken und Krabben vollständig, und die Fischbestände wurden drastisch reduziert. Inzwischen haben sich jedoch die Seegraswiesen an den meisten Orten wieder erholt, auch wenn sie unter der wachsenden Verschmutzung der Küstengewässer zu leiden haben.

73 Zwischen Birntangblättern lauert der an der Pazifikküste der Vereinigten Staaten verbreitete Kelpfisch (*Heterostichus rostratus*) in seinem Unterwasserdschungel-Revier auf Beute. Das Männchen des bis zu sechzig Zentimeter lang werdenden Fisches verteidigt den in einem Seegrasnest abgesetzten Laich heftig und greift selbst Taucher an. Kelpfische sind nicht nur durch ihre rötlichbraun und weiß gefleckte Zeichnung hervorragend getarnt, sondern auch durch die Bewegungsweise, die dem langsamen Hin und Her der Tangwedel gleicht. (*Howard Hall/Tom Stack & Associates*)

74 Seeigel der Art *Strongylocentrotus polyacanthus* raspeln mit ihren scharfzähnigen Rundmäulern an der Körperunterseite Löcher in ein Birntangblatt, das in der Beringsee vor der Küste Alaskas auf den Grund gesunken ist. Seeigel sind recht gut gepanzert; ihre nadelscharfen Stacheln, deren Spitzen bei einigen Arten mit Giftblasen versehen sind, können sie blitzschnell einem möglichen Feind entgegenstellen, da jene über eine eigene Gelenkpfanne mit einem Bewegungs- und einem Sperr- oder Haltemuskel gesteuert wird. (*Douglas Faulkner*)

75 Das in freiem Wasser lebende, gut sieben Zentimeter groß werdende rote Krebschen *Pleuroncodes planipes* tritt sporadisch in unglaublichen Mengen vor den Pazifikküsten Mexikos und Kaliforniens auf. Es wurde von den Walfängern „Hummerkrill" genannt, da ihnen die Ähnlichkeit mit dem begehrten großen Verwandten aufgefallen war. Wale und besonders Thunfische verspeisen diese Kleinkrebse zu Hunderttausenden. (*Jeffrey Foott*)

76 Im *Sargassum*-Tang tropischer Meere lauert der Sargassofisch (*Histrio histrio*). Dieser hervorragend getarnte Anglerfisch lockt seine Beute durch eine „Fischrute" mit Köder an, die über dem geöffneten Maul baumelt. Die Rute ist der umgewandelte erste Strahl der Rückenflosse. Die Brustflossen sind so umgewandelt, daß sich der knapp zwanzig Zentimeter lange Fisch am Tang wie mit Händen festklammern kann. (*Douglas Faulkner*)

78 Der früher zu beiden Seiten des nördlichen Stillen Ozeans recht häufige See- oder Meerotter (*Enhydra lutris*), hier in einem Tangbett vor der nordkalifornischen Küste fotografiert, ist die am besten dem Wasserleben angepaßte Marderart. Der Otter hat eben eine Venusmuschel heraufgeholt und zertrümmert sie nun auf dem Stein, den er auf dem Bauch trägt. Beim Tauchen nach der nächsten Muschel behält er den Stein vielleicht, indem er ihn unter ein Vorderbein klemmt. (*Jeffrey Foott*)

80 Ein Südlicher See-Elefant (*Mirounga leonina*) ist in einem Tangwald vor einer Insel auf halbem Weg zwischen Australien und der Antarktis zum Luftschöpfen aufgetaucht. Die Vorfahren dieses halbwüchsigen Bullen wurden zu Beginn des 19.Jahrhunderts niedergemacht, da man ihr Fett zu Lampenöl verarbeitete. (*George Holton*)

82 Auf seiner alljährlichen Wanderung von der Beringsee hinunter in den Golf von Kalifornien steigt ein Grauwal (*Eschrichtius glaucus*) mit einem Mundvoll Birntang aus den Fluten. Als Bartenwal, der sich von Plankton, Kleinkrebsen und Fischen bis Sardinengröße ernährt, wird er den Tang jedoch kaum hinunterschlucken. Aber vermutlich verstrickt er sich auf der Jagd nach seiner bevorzugten Beute gelegentlich tief in dem untermeerischen Dschungel. (*Howard Hall*)

Geschöpfe der Strömung

84 Die tropische Sonne scheint ein Loch in die Oberfläche eines Salzwassersees auf den Palau-Inseln im westlichen Mikronesien zu brennen; sie spiegelt sich dabei in einer Qualle der Art *Mastigias papua*, die kaum weniger „flüssig" ist als das sie umgebende Element, denn ihr Körper besteht zu 95 Prozent aus Wasser, zu vier Prozent aus Salz und nur zu einem Prozent aus organischem Gewebe. Mehrere Inseln des Palau-Archipels haben mehr oder weniger kreisförmige Seen, die unterirdisch oder auf Meereshöhe mit der äußeren Lagune verbunden sind. In den von den Gezeiten beeinflußten Seen finden sich Meertiergesellschaften, die je nach der Entfernung zur Lagune anders zusammengesetzt sind. Eng mit dem Meer verbundene Seen haben oft annähernd dieselbe Fauna und Flora wie in den der Insel vorgelagerten Korallenriffen, isoliertere Seen sind von weniger Arten in um so größerer Individuenzahl bevölkert. Im sogenannten Jellyfish Marine Lake auf Koror beispielsweise treiben unzählige dieser Quallen, die – vielleicht als Anpassung an das friedlichere Leben im See – ihre Nesseltentakel verloren haben. (*Douglas Faulkner*)

Siebzig Prozent der Oberfläche unseres Planeten nehmen die Ozeane ein. Im oberen Bereich dieser unermeßlichen Weiten, der vom Wind umgetrieben wird und mächtige Strömungen bildet, findet sich eine charakteristische Tierwelt, deren Formen und Lebensweise sich von jener der Schelfbewohner unterscheiden, auch wenn die Übergänge zwischen den Bereichen fließend sind, da ja auch die Küstengewässer von der Strömung und dem hier treibenden Leben erfüllt und beeinflußt sind. Die Grundlage für das vielfältige Leben in der Strömung bildet die gewaltige Biomasse des frei treibenden pflanzlichen Planktons, die jene der mächtigen Tangwälder und Seegraswiesen bei weitem übertrifft. Die häufigsten dieser mikroskopisch kleinen Einzeller sind die Kieselalgen oder aber Diatomeen, von denen in einem einzigen Liter Wasser Hunderttausende enthalten sind. Sie gedeihen vor allem in den kälteren Gewässern, in den wärmeren Meeren überwiegen im allgemeinen die Geißelalgen oder Flagellaten. Zusammen mit anderen mikroskopischen Pflanzenformen bilden sie das Futter der kleineren Zooplankter, die wiederum den größeren, mit der Strömung treibenden Tierarten als Nahrungsgrundlage dienen.

Vermenschlicht gesehen, wirkt das Leben der in der Hochseeströmung mehr treibenden als aktiv schwimmenden Tiere friedlich, und selbst der riesige Mondfisch (*Mola mola*) als letztes Glied in dieser Nahrungskette, der alle größeren Plankter wie Flügelschnecken, Tintenfische, Krebstiere, aufsteigende Tiefseefische und Aallarven verzehrt, „speist" mit einer schläfrigen Grazie, als lebe er im Schlaraffenland. Dies wirkt nicht zuletzt wegen seines wohlgenährten Aussehens so, ist er doch annähernd rund wie eine Mond- oder Sonnenscheibe, mißt vom Schnabel bis zur saumartigen Schwanzflosse, die von der hohen Rücken- zur entsprechend geformten Afterflosse reicht, fast drei Meter und kann beinahe eine Tonne schwer werden.

Eine bevorzugte Nahrung der Mondfische, die auch Sonnenfische, Klumpfische oder Schwimmender Kopf genannt werden, sind Fahnenquallen, die nur von wenigen anderen Fischarten angenommen werden. Zu dieser Quallenordnung gehören Riesenformen wie die Arktische Riesenqualle (*Cyanea arctica*). Die meisten Arten sind jedoch beträchtlich kleiner, so auch die wohl bekannteste Fahnenqualle, die weltweit vom Äquator bis in Polnähe verbreitete Ohrenqualle (*Aurelia aurita*), deren Körper einem umgestülpten Suppenteller gleicht und höchstens vierzig Zentimeter Durchmesser erreicht. Die eher hufeisen- als ohrenförmigen Keimdrüsenpakete schimmern kräftig violett bis purpurrot durch den durchscheinenden Schirm, die Randtentakel sind kurze, feine Fäden, und die vier gelben Mundarme bilden kräftige Greifwerkzeuge. Junge Ohrenquallen besitzen genügend starke Nesselkapseln, um Jungfische zu lähmen, bei älteren jedoch verliert sich diese Fähigkeit immer mehr, so daß sie sich fast ausschließlich von maximal sechs Millimeter großen Planktern ernähren, die am schleimbesetzten Schirm haftenbleiben und von Wimpern zu den acht Futtergruben befördert werden. Hier holen die Mundtentakel die Beute und schaffen sie zur zentralen Mundöffnung.

Aktivere Jäger als die Mondfische sind die Seeschlangen (*Hydrophiidae*). Diese den Giftnattern nahestehende Familie ist mit rund fünfzig Arten vom Persischen Golf bis in den Pazifik verbreitet. Obwohl die Tiere wenig angriffslustig sind, endet etwa ein Viertel aller Seeschlangenbisse beim Menschen tödlich. Die einzige Art, die sich vollständig vom Leben in den Küstengewässern gelöst hat, ist die bis einen Meter lange gelbbäuchige Plättchen-Seeschlange (*Pelamis platurus*), die die warmen und gemäßigten Regionen des Stillen und des Indischen Ozeans erobert hat. Manchmal stößt man auf hoher See auf kilometerlange, gehsteigbreite Bänder aus Tausenden von Plättchen-Seeschlangen, die alle zielbewußt in dieselbe Richtung schwimmen. Plättchen-Seeschlangen treiben gewöhnlich an der Meeresoberfläche und lassen Kopf und Schwanz leicht herunterhängen. So lauern sie auf kleine Fische, die sich gern unter Treibgut aufhalten und ihren Irrtum nicht bemerken, und packen dann blitzschnell seitlich zu. Die Schlange hält die Beute gepackt, bis sie vom Gift getötet wird, und verschlingt sie dann.

Auch wenn tierische Plankter – abgesehen vom pflanzlichen Plankton – die friedlichsten Bewohner des Hochsee-Strömungsbereichs zu sein scheinen, gibt es doch unter diesen Winzlingen recht gefräßige Räuber, die sich mit befiederten Ruderbeinen und -antennen an ihre Beute heranstrudeln. Wieder andere – meist die Larven- oder

Jugendformen höher entwickelter Tierarten – bewegen sich flügel- oder flossenschlagend, durch wellenförmige Bewegungen oder durch blitzartiges Zusammenziehen von Körperöffnungen, bei dem der Rückstoß des austretenden Wassers für den notwendigen Schub sorgt. Doch keiner dieser winzigen Jäger entgeht den wie Schlachtschiffe zwischen Flotten von Ruderbötchen und Pedalos dahinsegelnden Quallen.

Einer der wichtigsten Freßfeinde der Quallen ist neben den Mondfischarten die bis zwei Meter lange und sechshundert Kilo schwere Lederschildkröte (*Dermochelys coriacea*) , deren Knochenpanzer durch eine mit mosaikartigen Knochenplättchen gespickte Lederhaut ersetzt ist. Sie kommt in allen wärmeren Meeren vor und ernährt sich von Fischen, Stachelhäutern und besonders Tintenfischen, Weichtieren und Quallen. Gaumen und Schlund des hakenförmigen Mundes sind nämlich mit nach hinten gerichteten Dornen besetzt, die dazu dienen, die schlüpfrigen Quallenkörper in den Magen zu befördern.

Suppenschildkröten (*Chelonia mydas*), Echte Karettschildkröten (*Eretmochelys imbricata*), Unechte Karettschildkröten (*Caretta caretta*) und Bastardschildkröten (*Lepidochelys olivacea*) leben von gemischter Kost und halten sich deshalb vorwiegend in Küstennähe auf, wo genügend Seetang und Seegras wächst. Für die Eiablage an bestimmten Stränden, zu denen die Tiere immer wieder zurückkehren, versammeln sie sich jedoch zu riesigen Massenzügen, die über Hunderte von Kilometern wandern. Abgesehen vom Menschen kennen erwachsene Meeresschildkröten kaum Feinde, und wenn eine Unechte Karettschildkröte beispielsweise den Seepocken- oder Entenmuschelbesatz eines treibenden Baumstammes abgeäst hat und dann satt und zufrieden eine Flosse über diesen schwimmenden Ankerplatz hängt, um auszuruhen, hat sie höchstens einen hungrigen Weißhai (*Carcharodon carcharias*) oder Tigerhai (*Galeocerdo cuvieri*) zu fürchten.

Gefährlich kann für sie wie für die Lederschildkröte jedoch eines ihrer Beutetiere werden, die Portugiesische Galeere oder Seeblase (*Physalia physalis*). Diese zur Ordnung der Staatsquallen gehörenden Nesseltiere sind im Gegensatz zu den höher organisierten Echten Quallen nicht Einzeltiere, sondern eine Kolonie verschiedener Polypen und Medusen (vgl. Legende 95), die je nach der Aufgabe, die sie erfüllen müssen, eine unterschiedliche Form haben, genauso wie die Körperzellen höherer Tiere. Die Portugiesische Galeere ist weltweit verbreitet und gehört zu den imposantesten Staatsquallen. Der Gründungspolyp liegt als bis zu dreißig Zentimeter langer

Stamm im Wasser, auf dem eine mächtige Gasblase sitzt, die an eine aufgeblasene Schweineblase erinnert, aber purpurrot bis violett leuchtet. Sie ist mit einem Gas gefüllt, das Stickstoff, Sauerstoff und sogar das Edelgas Argon enthält. An der Unterseite des Stammpolypen befinden sich sogenannte Personengruppen mit jeweils einem Nährpolypen, mehreren Geschlechtstieren und bis zu fünfzig Meter langen Fangfäden, die mit einem äußerst starken Nesselgift besetzt sind. Im Gegensatz zu anderen Staatsquallen besitzen Seeblasen keine Schwimmglocken, so daß sie nur segeln und nicht aus eigener Kraft für Vortrieb sorgen können. Portugiesische Galeeren sind die einzigen Staatsquallen, die regelmäßig in richtigen Schwärmen auftreten. Sie werden häufig von Quallenfischen (*Nomeus*) begleitet; die bis zu zehn Zentimeter langen Fischchen scheinen seltsamerweise von der Qualle kaum behelligt zu werden – die ja durchaus andere Fische gleicher Größe zu erbeuten imstande ist –, obschon sie erwiesenermaßen ganze Büschel von Personengruppen aus der Hohltierkolonie herausreißen.

Den gepanzerten und beschuppten Meeresschildkröten vermag das Nesselgift der Quallen – das bei Menschen tödlich wirken kann – offensichtlich nichts anzuhaben, und es scheint ihnen auch zu bekommen. Die einzige Gefahr droht ihnen, wenn Nesselkapseln in ihre Augen geraten, denn karibische Schildkrötenfischer versichern, daß sie verschiedentlich Meeresschildkröten erbeuten, deren Augen von den Nesselfäden der Seeblase verätzt und erblindet sind.

Wenn fast alle Meeresschildkrötenarten heute vom Aussterben bedroht sind, ist dies jedoch weder die Schuld der Portugiesischen Galeere noch der Haie und der unzähligen Feinde, die den schlüpfenden jungen Schildkröten nach dem Leben trachten, sondern einzig und allein die des Menschen. Abgesehen vom Plündern der Eiablagestrände, den Nachstellungen wegen des begehrten Panzers der Karettschildkröte, ist eine neue Bedrohung hinzugekommen, und zwar Plastikabfälle. Meeresschildkröten verschlingen nämlich treibende Kunststoff-Flaschen in der Meinung, es handle sich um Quallen, und verenden grausam, wenn sie die Plastikfetzen nicht rechtzeitig ausscheiden können.

89 In Sommernächten leuchtet die Brandung des Westatlantiks von Südkarolina bis Neuengland manchmal geheimnisvoll grünlich auf, wenn Schwärme der häufigen Lappenrippenqualle (*Mnemiopsis leidyi*) an der Küste entlangtreiben. Die birnenförmige, bis zehn Zentimeter große, weißlich durchscheinende Qualle schwimmt mit acht plättchenbesetzten Ruderkämmen, in denen die im Bild zu sehende zarte Biolumineszenz erzeugt wird. Die Anwohner nennen die gestrandeten Quallen auch „Katzenaugen" oder „Meerwalnüsse". Rippenquallen unterscheiden sich von Echten Quallen durch das Fehlen der Nematozysten, mit denen diese ihre Beute lähmen. (*Barry L. Runk und Stan Schoenberger/Grant Heilman*)

90 Die Würfelquallen (*Ordnung Cubomedusae*) werden auch Feuerquallen genannt und gehören zu den gefürchtetsten Quallen, da das Nesselgift ihrer an den vier Ecken angesetzten Tentakel und selbst der Glocke zu schweren Verbrennungen führen kann. Die durchsichtigen Geschöpfe mit Schirmhöhen von fünf bis fünfundzwanzig Zentimetern sind die schnellsten Schwimmer unter den Hohltieren, da ihre Schirmhöhle durch eine kräftige Membran zusammengezogen werden kann und so ausreichend Rückstoß erzeugt. Die Art *Charybdea marsupialis* kommt auch im Mittelmeer vor, alle anderen sind auf die tropischen Meere beschränkt. Das Nesselgift der pazifischen Seewespe (*Chiropsalmus quadrigatus*) ist so stark, daß Menschen unter Krämpfen daran sterben können. Erstaunlicherweise wird gerade diese Art auf den Philippinen in Essig eingelegt gegessen, während die Bewohner der Gilbertinsel die Geschlechtsorgane der Qualle fritieren. (*Ron und Valerie Taylor/ Ardea London*)

92 Ein zentimeterlanges Fischchen hat sich unter den Schutz des zart rostbraun gebänderten, bis dreißig Zentimeter breiten Schirms einer Kompaßqualle (*Chrysaora hyoscella*) zurückgezogen. Viele Fischarten, die später selbst gefräßige Räuber sind, wie etwa Dorschfische oder Makrelen, überleben in diesem zarten Alter oft nur dank solcher nicht ungefährlicher Rückzugsmöglichkeiten vor Freßfeinden. (*Howard Hall*)

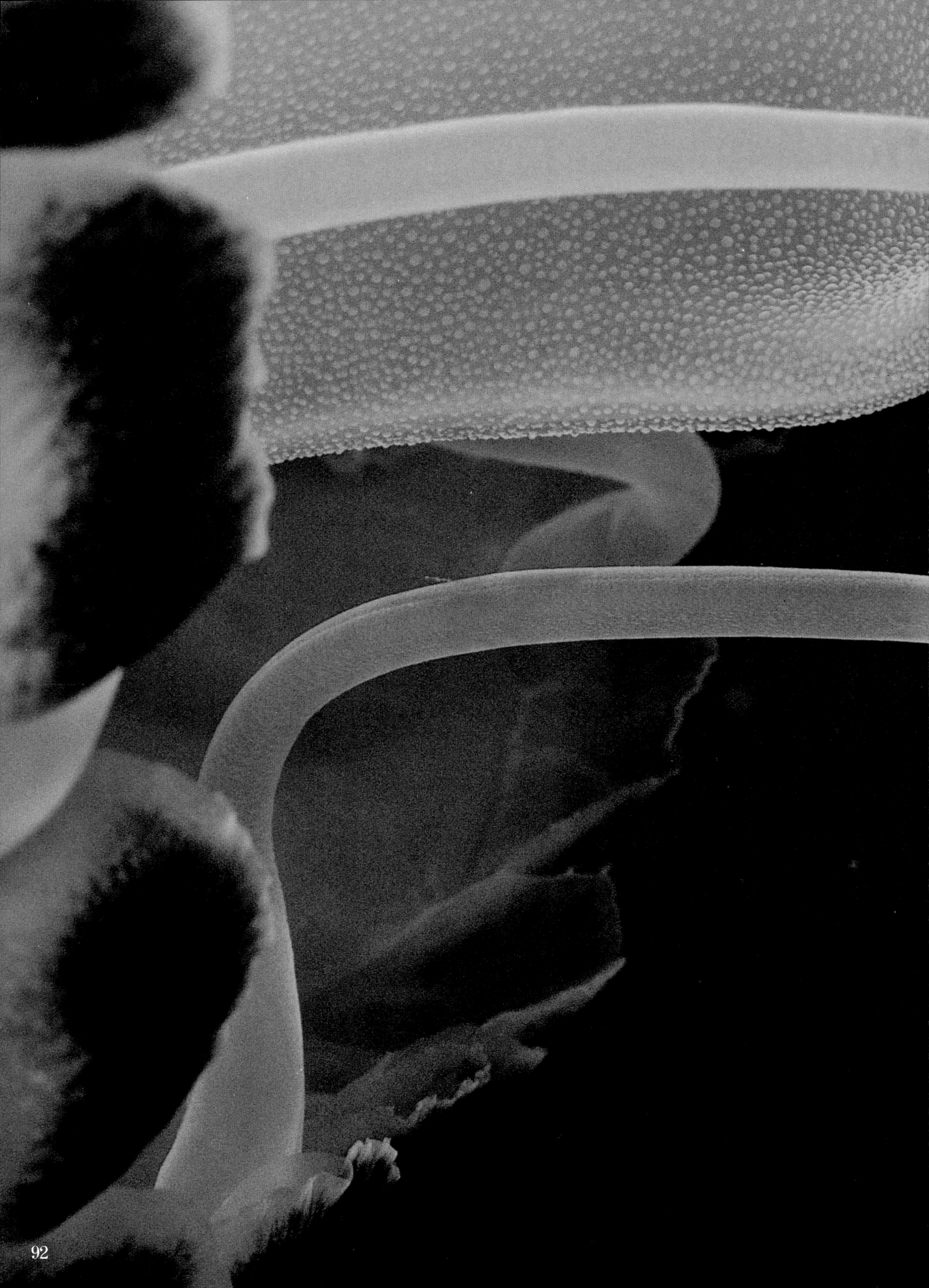

94 Ein trompetenartiger Mundschlauch und schnurförmige Geschlechtsorgane sind in der durchsichtigen Glocke dieser freischwimmenden Meduse (Polyorchis), aus der Klasse der Hydrozoen oder Hydropolypen, deutlich zu sehen. Die Art ist an der amerikanischen Pazifikküste recht häufig. Am Fuß jedes Tentakels befindet sich ein rotes Sinnesorgan. Von Echten Quallen unterscheiden sich die Hydrozoen durch ihre geringe Größe und durch ein – hier ebenfalls sichtbares – Muskelgeflecht, mit dem der Glockenrand zusammengezogen werden kann, um für das Schwimmen Rückstoß zu erzeugen. (*Langdon Quetin*)

96 Obschon diese knapp acht Zentimeter breite Staatsqualle der Art *Porpita* in tropischen Meeren oft in Schwärmen mit Hunderttausenden von Exemplaren auftritt, begegnen ihr höchstens Biologen auf Forschungsschiffen, da ihre Verbreitungsgebiete wenig befischt werden. Eine der bekanntesten Staatsquallen hingegen ist die weltweit verbreitete Portugiesische Galeere (*Physalia physalis*), deren bis zu dreißig Zentimeter breite gasgefüllte Schwimmblase in irisierendem Blaurot aus den Wogen ragt. Doch die Portugiesische Galeere ist ebenso unbestreitbar schön wie gefährlich, denn ihre bis zu fünfzig Meter langen Tentakel besitzen Nesselkapseln mit äußerst starker Giftwirkung, die Schwimmern auch schon zum Verhängnis wurden. (*Peter Parks/Oxford Scientific Film, Ltd.*)

95 Zur Klasse der Hydrozoen – die mit Seerosen, Korallen und Echten Quallen verwandt sind – gehören sowohl freischwimmende, quallenähnliche Medusen wie allein oder in Kolonien festsitzende Polypen. Das aus dem Griechischen stammende Wort Polyp bedeutet „mehrfüßig" und bezieht sich auf die Nahrung ergreifenden Tentakel. Häufig sind Polyp und Meduse zwei verschiedene Stadien im Leben einer einzigen Art. Echte Quallen hingegen haben die festsitzende Polypenform, Seerosen und Echte Korallen die Medusenform aufgegeben. Zu den Hydrozoen gehören die federartigen Plumulariden, nur in einer Ebene verzweigte Kolonien mit unzähligen Polypen, die sich von tierischem Plankton ernähren, und die Feuerkorallen, deren Nesselpolypen anders als bei Echten Korallen die menschliche Haut so stark reizen, daß der Schmerz tagelang anhalten kann. Zu dieser Klasse gehört aber auch die Ordnung der Staatsquallen; im Bild eine Art aus der Gruppe der Physophoren, die oberhalb der Schwimmglocke eine gasgefüllte Blase haben. Die Staatsquallen bestehen aus einer Kolonie verschiedener Einzelwesen oder „Personen" im Polypen- und Medusenstadium, die zeitlebens miteinander verbunden bleiben und verschiedene Aufgaben erfüllen. Unter der Gasblase, dem Pneumatophor, befinden sich mehrere Schwimmglocken, die durch Zusammenziehen Rückstoß erzeugen können und so für Vortrieb sorgen. Darunter folgen der Fortpflanzungs-, der Verdauungs- und der Mundtrakt sowie die Tentakel, die mit Nesselpolypen Plankton lähmen und einfangen. Staatsquallen sind in warmen Meeren häufig und werden von den Strömungen oft bis in arktische Regionen verdriftet. (*Langdon Quetin*)

98 Die etwa zwei Zentimeter große, im Oberflächenbereich aller Weltmeere verbreitete Seestachelbeere (*Pleurobrachia pileus*) fängt Plankton mit einem Tentakelpaar, das das Zwanzigfache ihrer Körperlänge erreichen kann. Die Tentakeln sind mit klebrigen Ästchen besetzt, an denen die Beute – Fischeier und -larven, Pfeilwürmer, winzige Kopffüßler und ähnliches – hängenbleibt. (*Anita Brosius*)

99 *oben* Bei der wenig bekannten Qualle *Orchistoma pileus*, die südwestlich Floridas bei den Dry-Tortugas-Inseln verbreitet ist, unterscheiden sich die beiden Geschlechter durch die Farbe. Weibliche Quallen haben grünliche Tentakel und eine ockergelbe Mundpartie, männliche sind vollständig blaugrau. (*Neil Swanberg*)

99 *unten* Die zarte Schönheit dieses Kielfüßers der im Mittelmeer häufigen Art *Atlanta peroni* bleibt dem bloßen Auge verborgen, denn die Schnecke mit ihrem extrem dünnen, im Licht irisierenden Gehäuse (*oben*) ist nur wenige Millimeter groß. Die durchsichtigen Kielfüßer oder Heteropoden sind vollständig dem Leben in der Hochsee angepaßt, wo sie, auf dem Rücken schwimmend, Jagd auf treibende tierische Nahrung machen. Der Fuß ist zu einem schnell schlagenden Paddel umgewandelt, das für den nötigen Auftrieb und für die Fortbewegung sorgt. (*Peter Parks/Oxford Scientific Films, Ltd.*)

100 Die bizarr-symmetrisch geformte, zwei bis drei Zentimeter große blaue Nacktkiemerschnecke *Glaucus marinus*, die mit dem Fuß an der Wasseroberfläche hängt, ernährt sich von Staatsquallen wie von der Portugiesischen Galeere, deren Nesselgift ihr nichts anhaben kann und das sie sogar zum eigenen Schutz in ihrem Körpergewebe ablagert. (*David Ballantine*)

102 Der Bandfisch *Zu christatus* ist eine der absonderlichsten Fischgestalten. Die Rückenflosse setzt direkt am Kopf an und reicht bis zur Schwanzflosse. Die Bauchflossen sind zu bogenförmigen Gebilden verlängert, deren Funktion unbekannt ist. Über die Lebensgewohnheiten dieses seltsamen, bis einen Meter langen Fisches ist noch sehr wenig bekannt. Zur selben Unterordnung der Band- oder Riemenfische gehört der Bandfisch (*Regalecus*), der bis zu sechs Meter lang, aber nur wenige Zentimeter dick wird. Er mag Anlaß zu den Erzählungen über riesige Seeschlangen gegeben haben. Abergläubische Fischer nahmen an, er führe als „König" die Herings- und Lachsschwärme an und diese würden verschwinden, wenn dem Bandfisch ein Leid geschähe. (*Larry Madin*)

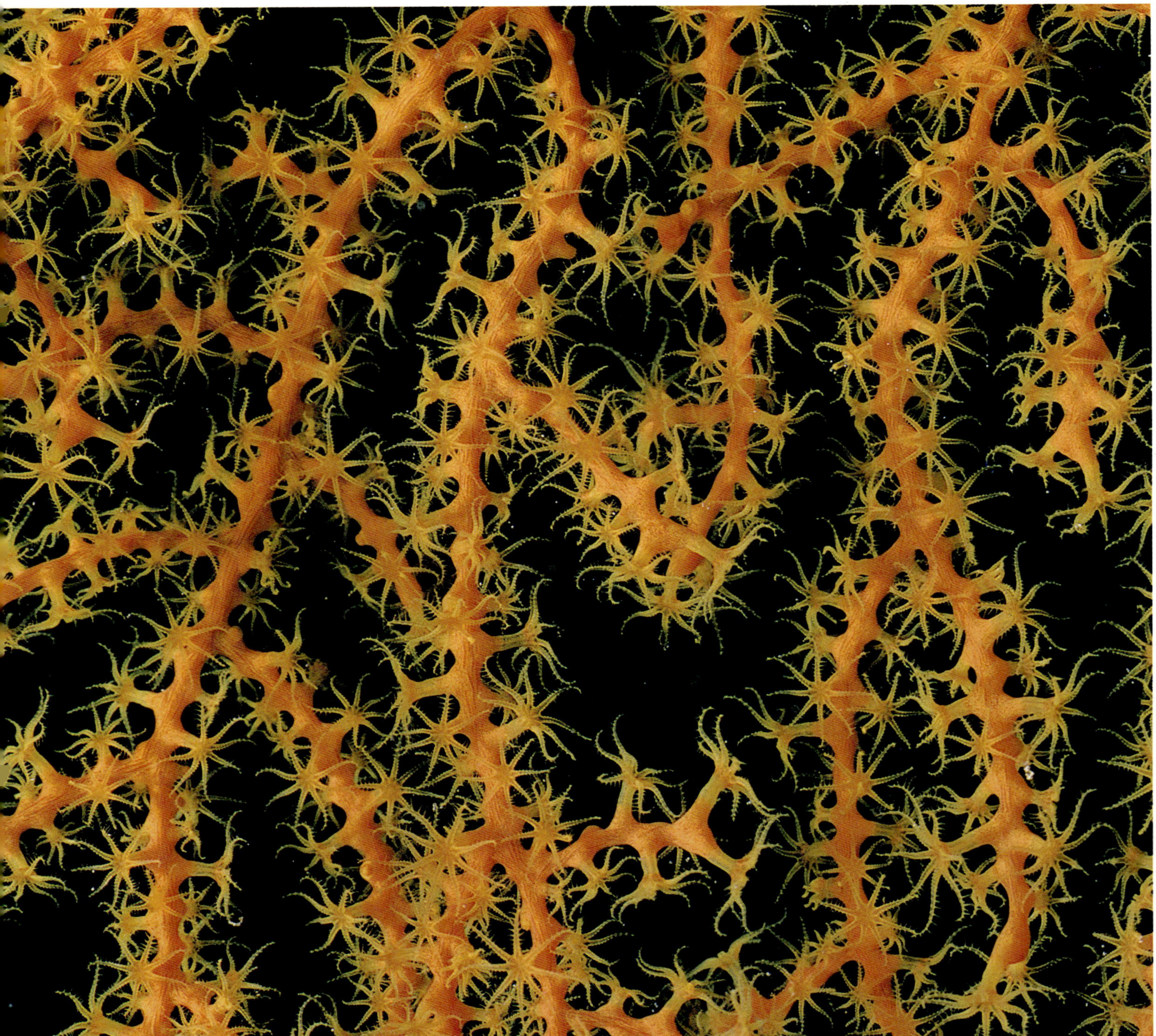

Städte unter Wasser: die Welt der Korallen

104 Korallen und Seerosen gehören zur Klasse der Blumentiere (*Anthozoa*). Sie leben ausschließlich im Meer, entweder als Einzelpolypen, wie die Seerosen oder Seeanemonen, bei denen einige Arten bis einen Meter Durchmesser erreichen, oder als Kolonien winziger Polypen, die zum Teil riesige Kalkgebilde aufbauen. Korallen sind mit wenigen Ausnahmen Kolonien, deren Polypen vorwiegend nachts ihre Tentakel ausstrecken, wie hier die im Roten Meer beheimatete Art *Acabaria erythraea* aus der Ordnung der Rindenkorallen (*Gorgonaria*). Die Waffe der Polypen ist die Nematozyste oder Nesselkapsel, eine mit einer giftigen, ätzenden Flüssigkeit gefüllte doppelwandige eiförmige Blase, die eingestülpt ist und in einen aufgerollten Nesselfaden ausläuft. Bei Berührung stülpt sich dieser Faden innerhalb von etwa vier Tausendstelsekunden nach außen, das Gift wird freigesetzt. Sogenannte Durchschlagskapseln reißen dabei Wunden in Haut oder Panzer des Opfers, Wickel- und Klebekapseln halten es fest. Sie sitzen zu Tausenden auf den Tentakeln und werden nach der Entladung neu gebildet. Die überwältigte Beute wird zu den Mundapparaten geführt und im Hohlraum verdaut. Die wahre Natur eines Korallengartens kann nur nachts erkannt werde: Wie Motten umschwärmen Tausende von Zooplanktern die Lampe des Tauchers, und mit einer Freßgier, die jene eines Hairudels übertrifft, sind Millionen von Fangarmen am Werk, Beute in die hungrigen Mäuler der Korallen zu stopfen. (*David Doubilet*)

Während des amerikanischen Bürgerkriegs, als Wissenschaftler für zoologische Feldbeobachtungen kaum zur Verfügung standen, wurde ein frühreifer Zehnjähriger namens Charles Frederick Holder damit beauftragt, das Wachstum der Korallen in dem Salzwassergraben zu studieren, der Fort Jefferson auf den Dry-Tortugas-Inseln westlich von Key West in der Straße von Florida umgab. Der Junge machte regelmäßig Notizen über seine Messungen und entdeckte so, daß die massiven Hirnkorallen nur langsam, verästelte Korallenarten jedoch viel schneller wachsen, als man bis dahin angenommen hatte – im seichten, stillen und warmen Wasser des Festungsgrabens bis zu 12,5 Zentimeter pro Jahr. Und er fand auch heraus, daß andere Korallen ihren Durchmesser innerhalb von sechs bis zwölf Monaten zu verdoppeln vermögen. Die Entdeckungen des jungen Forschers stürzten die Thesen so berühmter Meeresbiologen wie Louis Agassiz und Spencer Fullerton Baird um, die geglaubt hatten, Korallen brauchten Jahrhunderte, um ihre beeindruckenden Strukturen aufzubauen.

Korallen gehören wie die Seeanemonen, Hydrozoen und Quallen innerhalb der Niederen Tiere zur Unterabteilung der Hohltiere oder Zölenteraten (*Coelenterata*). Zu den Eigenschaften der Hohltiere gehört die Fähigkeit, daß sie sich sowohl geschlechtlich wie ungeschlechtlich fortpflanzen können. Die Möglichkeit für das Entstehen einer neuen Korallenkolonie, die sich ja im allgemeinen aus unzähligen Einzelpolypen zusammensetzt, ist gegeben, wenn das Ei eines Polypen vom Samen eines anderen befruchtet wird. Der daraus entstehende Embryo – ein aus zwei Zellschichten mit einer Mundöffnung bestehender Sack in Stecknadelkopfgröße – schwimmt dann als Zooplankter in der Strömung. Diese sogenannte Planulalarve kann mit feinen Wimpern, die rund um ihren Körper angeordnet sind, aktiv schwimmen. Nach einer kürzeren oder längeren Zeit setzt sich das Wesen irgendwo fest. Bei einigen Hohltieren wandelt sich die Planulalarve jedoch schwimmend in eine Aktinulalarve mit Fangarmen um, vor allem bei Quallen, die ja dem Lebensraum in der Strömung treu bleiben.

Wenn die Korallenlarve Glück hat, stößt sie zum Ende des Lebensabschnitts als Planulalarve auf harten Grund, etwa ein leeres Schneckenhaus oder die Kommandobrücke eines gesunkenen Schiffes. Dann beginnt sie sofort mit dem im Wasser gelösten Kalziumkarbonat eine Kalkhülse aufzubauen, in der der Polyp, zu dem sie sich nun wandelt, geschützt ist. Dieser hat die Form eines Schlauches mit einer Fußscheibe und einer Mundöffnung am oberen Ende, die von Fangarmen oder Tentakeln umringt ist. Dieser Polyp beginnt nun mit seinen Fangarmen Nahrung zur Mundöffnung zu strudeln und sich gleichzeitig fortzupflanzen, und zwar diesmal ungeschlechtlich durch Knospung. Aus seinem Rumpf oder zwischen Mundscheibe und Tentakeln wachsen Tochterpolypen heraus, und auf diesen sitzen schon nach wenigen Tagen wiederum „Nachkommen", die alle ebenfalls einen Kalkpanzer bilden. Bald sitzen Hunderte von Tieren so eng aneinander, daß es unmöglich ist, den ursprünglichen Polypen herauszufinden. Eine große Hirnkoralle, auch Neptunsgehirn (*Diploria*) genannt, die mehrere Meter Durchmesser haben kann, besteht aus Hunderttausenden von Individuen, die sich in einen gemeinsamen Verdauungstrakt teilen, so daß alle Tiere von der Beute einzelner Polypen profitieren: tierisches Plankton, das vor allem nachts erbeutet und innerhalb von knapp zwölf Stunden verdaut wird.

Die meisten Korallen finden sich in tropischen und subtropischen Meeren, deren Wassertemperatur selten unter zwanzig Grad Celsius sinkt. Lederkorallen kommen jedoch selbst in arktischen Gewässern vor, und gewisse spezialisierte Formen gedeihen sogar noch in sechstausend Meter Tiefe. Im allgemeinen ist aber das Korallenwachstum direkt unter der Niedrigwassermarke am üppigsten und nimmt dann allmählich ab. Die untere Grenze für die auf symbiotische Algen (Zooxanthellen) angewiesenen Riffkorallen liegt bei etwa neunzig Metern, da weiter unten das von den Algen für die Photosynthese benötigte Sonnenlicht fehlt. Viele Korallen können zwar ohne diese in ihrer Innenhaut lebenden Pflanzen existieren, sie finden sich jedoch in allen schnellwachsenden Arten. Und es ist erwiesen, daß solche Korallen dank der Algen ein Mehrfaches an Kalk bilden können, da die Pflanzen das dabei entstehende CO_2 binden.

Tropische Gewässer sind klarer als jene der gemäßigten Zonen, da besonders die oberen Bereiche verhältnismäßig nährstoffarm sind. Hohe Lufttemperaturen ohne große

Schwankungen verhindern die Zirkulation der Schichten, wie sie in unseren Breiten auch in den Seen ein bekanntes Phänomen ist, wenn im Herbst das abkühlende Oberflächenwasser sinkt und das nun wärmere und nährstoffreiche Grundwasser nach oben zwingt. Diese vertikale Umwälzung bringt jedesmal für Millionen von Mikroorganismen einen gedeckten Tisch.

Das Wachstum der riffbildenden Korallen ist von einer derartigen Vielzahl von Bedingungen und Beschränkungen abhängig, daß ihre weite Verbreitung um so erstaunlicher ist. Neben ihrem Bedürfnis nach Wärme, das beispielsweise ihrem Gedeihen im Ostpazifik, wo der Humboldtstrom kaltes antarktisches Wasser heranführt, Grenzen setzt, reagieren Korallen empfindlich auf Treibsand und plötzliches Absinken des Salzgehalts im Wassers. Wenn es bei Ebbe zu längeren tropischen Regengüssen auf freiliegende Korallenriffe kommt, kann dies die Zerstörung größerer Bereiche bedeuten. Auf beiden Seiten von Flußmündungen fehlen Korallen meist kilometerweit, da hier das Wasser ebenfalls zu wenig salzhaltig und außerdem zu stark durch Sand und andere Schwemmstoffe getrübt ist. Hier können die symbiotischen Algen und damit auch die Riffkorallen nicht existieren. Die wichtigste Voraussetzung für die Entstehung eines Korallenriffs ist jedoch ein fester Untergrund. So fehlen beispielsweise an der sandigen Küste Südfloridas Korallenriffe vollständig, obschon alle anderen Bedingungen erfüllt sind.

Die Welt der Korallen mit ihren annähernd siebenhundertfünfzig Arten ist so spektakulär und vielfältig, daß es einem bei einer Tauchfahrt im Roten Meer oder im australischen Großen Barriereriff wie dem sprichwörtlichen Förster gehen könnte, der vor lauter Bäumen den Wald nicht mehr sieht. Man könnte übersehen, daß das Korallenriff vor allem auch unzähligen anderen Lebensformen Nahrung und „Unterkunft" bietet. Schätzungen rechnen mit über dreitausend anderen Tierarten, die im Großen Barriereriff leben und von den Riffkorallen abhängig sind.

Daß unser Wissen um die ökologischen Zusammenhänge im Korallenriff noch viel zu oberflächlich ist, illustriert am treffendsten die Saga des Dornenkronen-Seesterns (*Acanthaster planci*). In den letzten Jahren schien eine ungewöhnliche Vermehrung dieses giftigen, riff- oder steinkorallenfressenden Seesterns die Existenz der Korallenriffe und Atolle von Tahiti bis Borneo in Frage zu stellen. Allein vor Guam wurden innerhalb von weniger als drei Jahren Riffe auf einer Länge von fünfunddreißig Kilometern zerstört.

Da die meisten Korallenpolypen nachtaktiv sind, fällt auch der Dornenkronen-Seestern mit Vorliebe nachts über sie her. Auf seinen sechzehn Armen kann der Seestern in einer einzigen Nacht eine viele Meter lange Spur kahlgefressener Korallenstöcke hinter sich lassen, indem er die gesamte Rindenschicht mit den Polypen verzehrt. Innerhalb von vierundzwanzig Stunden legt ein einziger Seestern fast einen halben Quadratmeter frei. Der fast einzige Feind des Dornenkronen-Seesterns sind die Tritonshörner (*Charonia*), deren herrliche, bis halbmeterlange Schalen von Sammlern teuer bezahlt werden. Diese großen Schnecken wachsen sehr langsam und werden erst spät geschlechtsreif, so daß die allzu starke Bejagung ihre Bestände drastisch verminderte. Obschon dies nicht unbedingt die Ursache für das explosionsartige Überhandnehmen der Dornenkronen-Seesterne gewesen sein muß, fehlten die Tritonshörner, als die Korallenriffe sie brauchten. In schierer Verzweiflung begannen um den Schutz der Riffe besorgte Tauchergruppen, die Dornenkronen-Seesterne in den am stärksten bedrohten Regionen einzeln mit Formaldehydspritzen zu vernichten, manchenorts so gründlich, daß seither kein einziger dieser Seesterne mehr zu finden ist.

Im nachhinein einsetzende Untersuchungen haben nun ergeben, daß die Dornenkronen-Seesterne im allgemeinen nur die schnellwachsenden Korallen abweiden und durch diese selektive Ernährung den langsameren Korallen erlauben, einen Platz an der Sonne zu finden. Außerdem kann eine Schule der korallenfressenden Papageifische ein Riff viel effektiver zerstören, indem sie ganze Korallenäste losbeißen und die Kalkstücke nach dem Verschlucken der Polypen wieder ausspucken, als dies dieselbe Anzahl Seesterne je vermöchte. Doch sowohl die Papageifische wie die Dornenkronen-Seesterne schützen die natürliche Vielfalt, indem sie diejenigen Korallenarten bevorzugen, die die Verluste am besten zu ersetzen vermögen. So könnte die heutige Dornenkronen-Seesternplage – wie ein Buschfeuer, das Platz für den Jungwuchs schafft – auf längere Sicht dem Riff am meisten nützen.

Der Mensch lernt nur allmählich, und nachher ist man meistens klüger. In diesem Fall war es so, daß erst dank der Publizität, die die Plage erlangte, die Mittel für das Studium dieses faszinierenden Tieres zur Verfügung gestellt wurden. Und sobald die Journalisten der Sache überdrüssig wurden, versiegten auch die Forschungsgelder – gerade zu dem Zeitpunkt, als man gewisse ökologische Zusammenhänge zu erkennen begann. Heute wissen die Meeresbiologen, daß sie die Gefahr überschätzt hatten und daß man besser alle Mittel für einen verstärkten Schutz der Tritonshörner – beziehungsweise für eine Beschränkung des Handels mit diesen Schneckenschalen – eingesetzt hätte. Denn so bleibt im Riff ein Ungleichgewicht bestehen, das die nächste Krise hervorruft.

109 Die Klasse der Blumentiere oder Anthozoen ist in die Unterklassen der Achtstrahligen Korallen und der Sechsstrahligen Korallen gegliedert. Zur ersten Gruppe, deren Polypen immer acht Tentakel und acht Innenteile haben, gehören Leder- oder Weichkorallen, Rindenkorallen, Seefächer, Seefedern und auch diese Scharlachrote Seepeitsche (*Juncella gemmacea*) aus dem Palau-Archipel. Die zweite besteht im wesentlichen aus den Seerosen und den stockbildenden Korallen. Seefedern und Seepeitschen wirken im Körperbau ausgesprochen pflanzenähnlich, da dem im Grund verankerten Hauptstamm feine Seitenzweige entspringen. Charakteristisch für Seefedern ist, daß sie sich eingraben. (*Douglas Faulkner*)

110 Die Gewässer rund um den Palau-Archipel besitzen eine der artenreichsten Meeresfaunen der Welt. Mehr als zweitausend Fischarten und rund hundert Korallengattungen sind hier nachgewiesen, darunter nicht weniger als fünfzig verschiedene *Acropora*- oder Baumkorallenarten, bei denen jeder einzelne Polyp in einem eigenen Kalkkelch sitzt. Der Aufbau einer Korallenkolonie beginnt mit einer getrenntgeschlechtlichen Befruchtung, bei der die Eier im Magenraum eines weiblichen Tieres besamt werden. Die ausgestoßenen Planulalarven schwimmen als Plankton umher und setzen sich nach einer gewissen Zeit an einem geeigneten Platz am Meeresgrund fest. Wenn dies einer von tausend Larven gelungen ist, bildet sie einen kegelförmigen Kelch, aus dem der nun erwachsene Polyp seine Tentakel nach Beute ausstreckt. Von nun an geht die Vermehrung durch Knospung oder Teilung weiter, das heißt, die weiteren Polypen wachsen aus dem Mutterpolypen heraus. Innerhalb von Wochen bilden sich Dutzende von Polypengenerationen auf einem gemeinsamen Kalkskelett. Wie schnell die Riffbildung durch die winzigen Korallentiere vor sich geht, zeigt die Tatsache, daß ästig verzweigte Korallen ihren Umfang innerhalb von sechs Monaten ungefähr verdoppeln. (*Douglas Faulkner*)

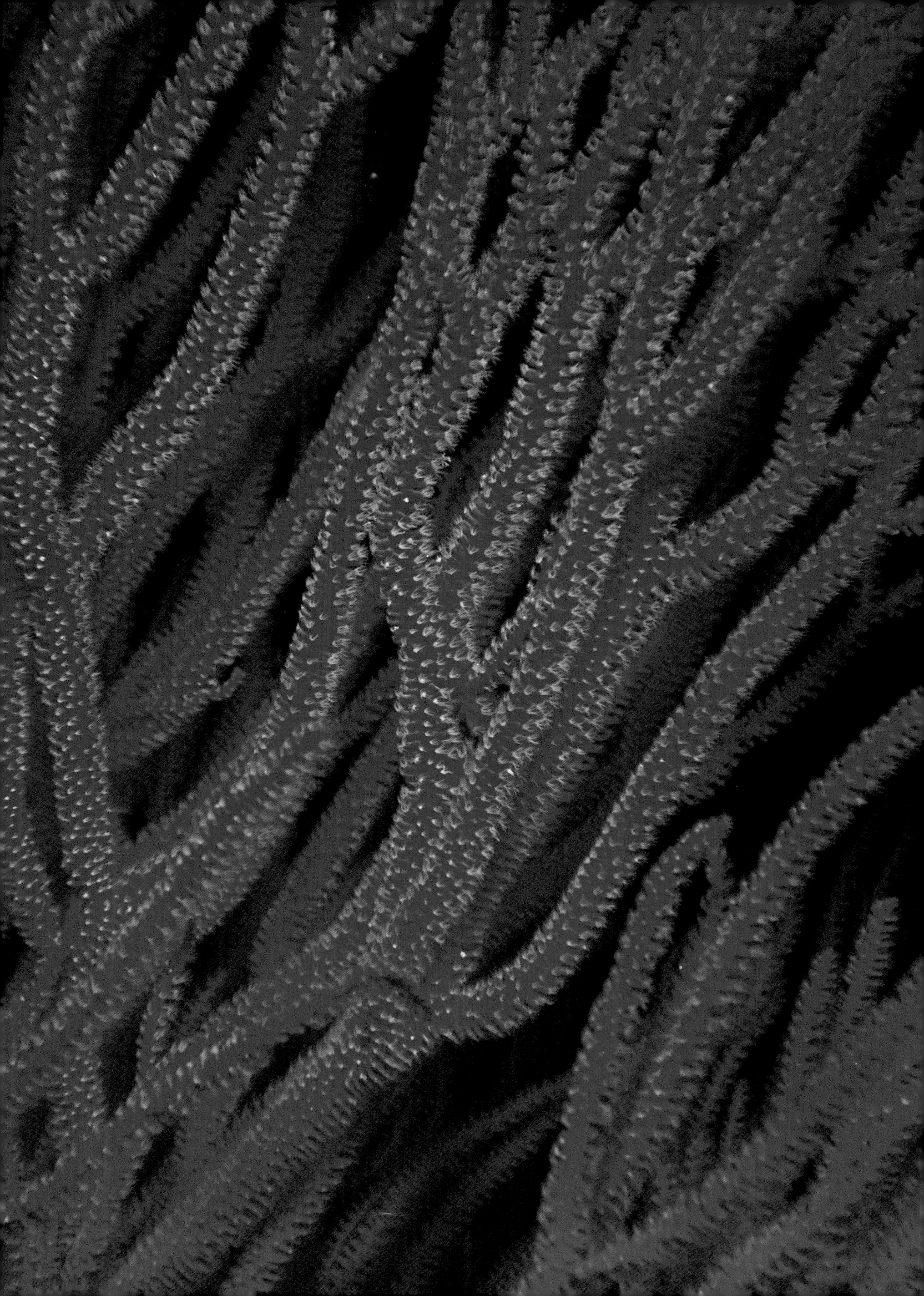

111 Die in der Außenstruktur den Hirnkorallen (folgende Seite) ähnelnde Gattung *Lobophyllia* bildet kuppelförmige Kolonien von mehr als sechs Metern Durchmesser und drei Metern Höhe. In den westmikronesischen Palau-Inseln finden sie sich oft an den scharf abfallenden untermeerischen Riffen von Inseln mit Steilküsten. Da sie auch tagsüber kaum besonnt werden, leuchten die Polypen mit eigenem Fluoreszenzlicht. (*Douglas Faulkner*)

112 Das Neptunsgehirn *Diploria* gehört zu den Mäander- oder Hirnkorallen. Seine Struktur unterscheidet sich von jener anderer riffbildender Korallen insofern, als seine Polypen so verschmolzen sind, daß ihre Mundscheiben gewundene Straßen mit parallelen Tentakelgraten bilden. Das lebhafte Grün und die Farbenpracht manch anderer Art geht zum Teil auf Algen zurück, die in den Polypen leben. Diese Symbiose ist für beide Partner lebenswichtig: Die Algen verwerten Stoffwechselabfälle der Polypen – Phosphor- und Stickstoffverbindungen, an denen tropische Meere eher arm sind –, dafür liefern sie Sauerstoff, den die Korallen zur Atmung benötigen, und helfen durch CO_2-Bindung beim Aufbau der Kalkstöcke. (*John Deitz/Photo Researchers, Inc.*)

114/115 Riffbildende Korallen existieren nicht nur für die staunenden Besucher oder für Biologen, die von ihren eigenartigen Lebensformen fasziniert sind. Da sie lebenslang wachsen – eine Hornkoralle im australischen Großen Barriereriff erweiterte ihren Durchmesser innerhalb von 23 Jahren von 75 auf 185 Zentimeter – bilden sie organische Wellenbrecher, die Tausende von Kilometern Küste vor dem unablässigen Angriff der See schützen. Manche flachen Inseln wären ohne die Korallenriffe innerhalb von Monaten hinweggespült. Die Schlupfwinkel und Ritzen der Riffe sind außerdem der Lebensraum von Tausenden anderer Kreaturen, nicht nur von Korallenfischen, sondern auch von Wirbellosen wie der Riesenmuschel (*Tridacna gigas*) mit ihrem farbenprächtigen Mantel (114); Schwämmen wie dem violetten *Callyspongia plicifera* (115 *unten*) oder der purpurleuchtenden Seescheide *Clavelina* (115 *oben*). Die in einer Lagune der Palau-Inseln fotografierte Riesenmuschel wird über einen Meter lang und mehrere hundert Kilo schwer. Sie filtert Plankton und organische Verwesungsstoffe aus dem Wasser. Da sie in geringer Tiefe lebt, kann man aus Versehen hineintreten; einmal zugeklappt, läßt sie sich nur durch Zertrümmern der Schalen oder Durchschneiden des Schließmuskels wieder öffnen. Aus diesem Grund wurde sie auch Mördermuschel genannt. In einer Riesenmuschel wurde übrigens in den dreißiger Jahren die größte bekannte Perle gefunden. Sie wiegt sieben Kilo und mißt 23 mal 15 mal 14 Zentimeter. Der vasenartige Schwamm aus einem Korallenriff vor Honduras ist eine der rund viertausendfünfhundert bekannten Schwammtierarten, die sich von Plankton ernähren, das sie aus dem durch ihre Öffnungen gepumpten Wasser filtern.
Die einzelnen Seescheiden in dieser auf einem Riff vor Puerto Rico sitzenden Kolonie sind nur knapp einen Zentimeter große Säcke mit je zwei Öffnungen; durch die eine wird Wasser angesogen, durch die andere mit den Resten des verdauten Planktons ausgestoßen. (*Douglas Faulkner; David Doubilet; Charles Arneson*)

116 Aus einem Einzelpolypen bestehende Korallen ähneln den Seeanemonen so stark, daß selbst Fachleute genarrt werden können, und wie Seerosen vermögen sie auf einer Fußscheibe zu einem ihnen zusagenden Standort zu wandern. Die größten Solitärkorallen sind die Pilzkorallen der Art *Fungia fungites*. Der von Sammlern geschätzte Polyp hat eine Fußscheibe von 25 Zentimetern Durchmesser und radial verlaufenden Rippen, die an Pilzlamellen erinnern. Wenn die Pilzkoralle vom Wellenschlag auf den Rücken geworfen wird, was nicht allzu selten vorkommt, kann sie sich wieder aufrichten, indem sie ihr Gewebe auf einer Seite mit Wasser anreichert. (*Douglas Faulkner*)

118 Bei hereinbrechender Nacht stülpen die Polypen der Weich- oder Lederkoralle *Dendronephthya* im Roten Meer ihre acht Tentakel aus und beginnen Beute zu machen. Die durchscheinenden, gallertartigen Stämme sind mit Wasser gefüllt und können mit Sauerstoff versorgt werden. Versteift werden die Äste durch Nadeln aus hornartiger Substanz oder Kalk von 0,01 bis 10 Millimeter Länge, die Spikeln oder Skleriten, die in der Vergrößerung deutlich zu erkennen sind. Das Verbreitungsgebiet der Lederkorallen erstreckt sich bis in arktische Gewässer. Bekannt ist die Meer- oder Seemannshand (*Alcyonium digitatum*) aus den Fischgründen der Nordsee. (*Anne Doubilet*)

120 Wenn die Polypen tagsüber ihre Tentakel eingezogen haben, ist das Skelett der Labyrinthkoralle (*Pectinia lactuca*) aus dem Palau-Archipel unter der fleischigen Oberflächenstruktur deutlich zu erkennen. Die Korallenriffe des Südpazifiks wachsen so schnell, daß Navigationskarten innerhalb von zwei Jahrzehnten veralten. Und die Riffe tropischer Atolle sind lediglich die Krone von Kalksteintürmen, die mehrere tausend Meter hoch auf den Kuppen versunkener Berge sitzen. Korallen finden sich bis in sechstausend Meter Tiefe. Die auf symbiontische Algen angewiesenen Riffkorallen allerdings gedeihen nur in dem von der Sonne erhellten Bereich bis knapp vierzig Meter, unter neunzig Meter Tiefe sterben sie ab, da das von den Algen für die Photosynthese benötigte Licht fehlt. (*Douglas Faulkner*)

121 Blumenkorallen (*Alveopora*) sprießen wie Wiesenblumen auf dem Deck eines während des zweiten Weltkriegs in einer Lagune des Palau-Archipels gesunkenen japanischen Kriegsschiffes. Von den rund sechstausend Arten der Blumentiere sind zweitausendfünfhundert sogenannte Steinkorallen, die die Kalkriffe aufbauen. (*Douglas Faulkner*)

122 Um ihre verletzlichen Teile tagsüber vor Freßfeinden zu schützen, bläst die im Roten Meer lebende Blasenkoralle (*Plerogyra sinuosa*) neben den Tentakelspitzen kleine Ballone auf. Wenn die Tentakel nachts im dunklen Wasser nach Plankton rudern, fallen die Blasen teilweise in sich zusammen. Blasenkorallen bilden riesige fleischige Beläge, die die Kalkkelche der einzelnen Polypen völlig verdecken. Den Korallen beziehungsweise den einzelnen Polypen stellen vor allem räuberische Seesterne und scharfzähnige Riffische nach – ihr schlimmster Feind aber ist immer noch der Mensch, der Korallenriffe für die Herstellung von Schmuck und Souvenirs plündert, den Kalk als Baumaterial abbaut oder diese einzigartigen unterirdischen Gärten durch die Verschmutzung der Küstengewässer oder übertriebene touristische Nutzung zerstört. (*Douglas Faulkner*)

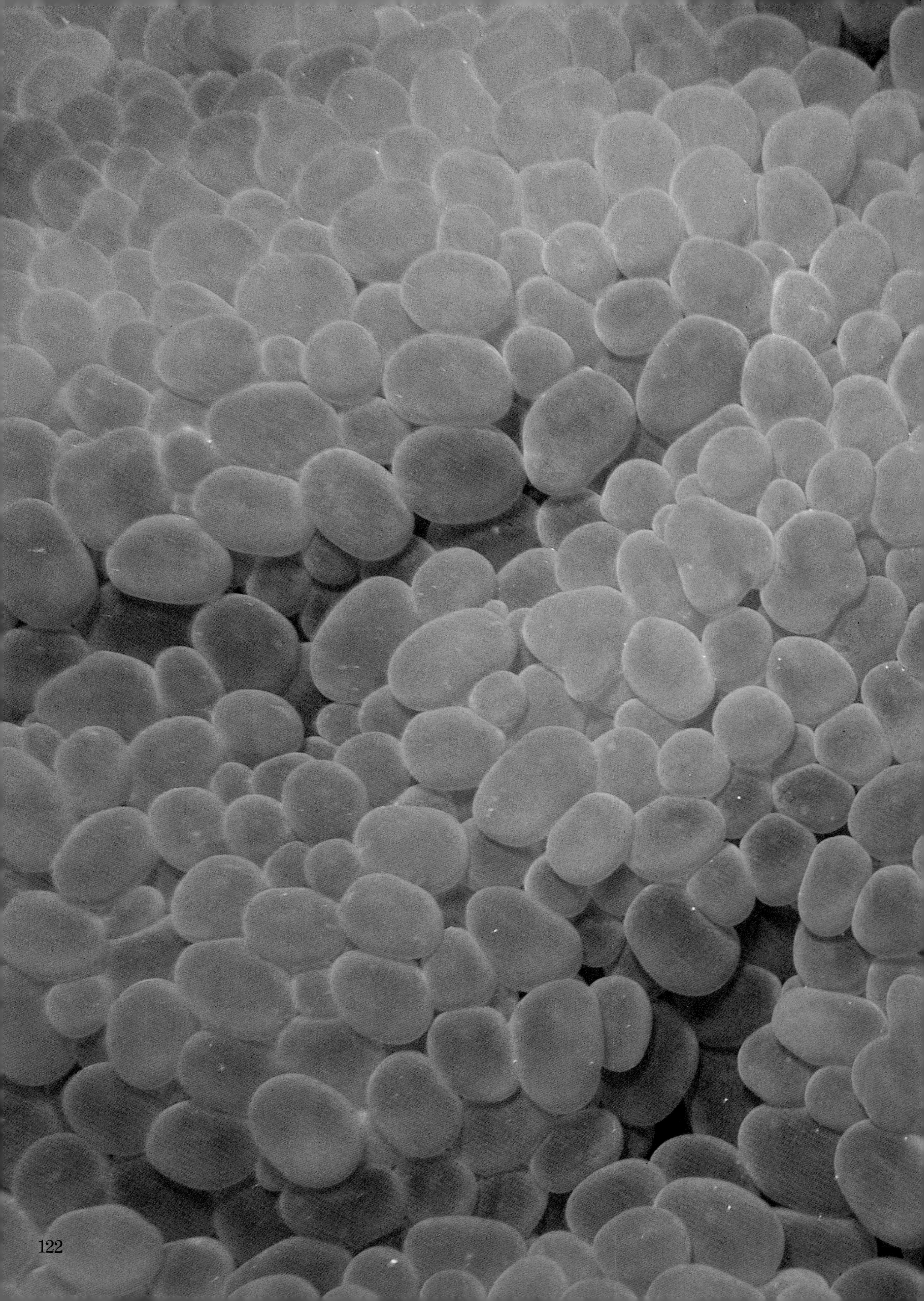

Nachts im Korallenriff

124 Fahnenbarsche, auch Rote Kanari genannt (*Anthias squamipinnis*), tanzen um ein Riff in der Straße von Tiran, an der Spitze der Sinaihalbinsel. Sie gehören zur Unterordnung der Barschfische, zu der auch dreieinhalb Meter lange und bis zu vierhundertfünfzig Kilo schwere Zackenbarsche zählen. Die etwa zwölf Zentimeter langen Fahnenbarsche sind charakteristische Korallenriffbewohner des indopazifischen Raums. Der deutsche wie der englische Name – Lyretail coralfish – beziehen sich auf den geschwungenen Schwanzflossenfortsatz der Männchen. (*David Doubilet*)

Ausflüge in Korallenriffe und -gärten gehören sicherlich zu den faszinierendsten Erlebnissen von naturbegeisterten Sporttauchern. An vielen Küsten ist auch ein organisierter Tauchsportbetrieb entstanden, wo Hobbytaucher und lernbegierige Anfänger von Ortskundigen durch die schönsten Unterwasserwelten geführt werden. Daß dieser Betrieb manchenorts bereits wieder zu Umweltbelastungen und Zerstörungen geführt hat, sei hier nur am Rande erwähnt. Sicher ist, daß die Wunder dieses Lebensraums nur vor Ort in ihrer ganzen Fülle studiert werden können und noch so große Meeresaquarien nur ein kläglicher Ersatz für ihre Vielfalt sind. Und dies gilt ganz besonders für das „Nachtleben" der Riffbewohner, das der tauchende Meeresbiologe, mit einer Lampe ausgerüstet, nun vor dem Strand von Waikiki auf Hawaii verfolgt.

Am Rand des Riffs empfängt ihn vielleicht ein großer Grüner Papageifisch (*Scarus sordidus*) und verschwindet dann in der Tiefe unter einem Sims. Tagsüber leben die meisten Papageifischarten paarweise oder in Schulen und äsen mit ihren kräftigen, papageischnabelähnlichen Kieferzähnen die polypenbesetzte Rinde der Korallen ab. Die Schlundzähne sind zu mächtigen Mahlplatten verschmolzen, mit denen der Korallenkalk zu feinem Sand verrieben wird. Dieses Weiden erfolgt unter erheblichem Kraftaufwand und kann oft sogar über Wasser gehört werden. Nachts lösen sich die Gruppen auf, und jeder Papageifisch sucht seine eigene Höhle oder einen ähnlichen Unterstand auf, um zu schlafen. Dabei dreht er sich mehrmals im Kreis – wie ein Hund, der sein Lager zurechtmacht –, und sobald er die richtige Position gefunden hat, kippt er leicht auf eine Seite, als wäre er nach des Tages Arbeit rechtschaffen müde. Manche Arten der Familie Scaridae sondern vorher innerhalb von etwa dreißig Minuten eine dicke Schleimhülle ab, die sie vollständig bedeckt und möglicherweise ihren Geruch dämmt. Jedenfalls wurde schon beobachtet, daß Muränen über so gewandete

Papageifische hinwegkrochen, ohne die Beute zu wittern. Bei Sonnenaufgang steigt der Fisch dann wieder aus seinem Nachthemd heraus.

Der Taucher knipst seine Lampe an und geht tiefer. Unter ihm zeigt sich ein bunter Kugelfisch der Art *Tetraodon hispidus*, den die Hawaiianer *o'opuhue* („Magen wie eine Kürbisflasche") nennen. Von flirrenden Brustflossen angetrieben, schwebt er wie ein Hubschrauber durch das Wasser, steht still, fährt rückwärts und schießt dann in rechtem Winkel weg. Kugelfische lagern – vor allem in den Keimdrüsen, in Gallenblase, Leber und Darm – das Gift gewisser Algen oder Nesseltiere ab, die sie fressen (nach anderen Untersuchungen könnte das Gift, in der Hauptsache Tetrodoxin, auch vom Fisch selbst produziert werden; vgl. auch Legende 147). Es scheint jedoch Freßfeinde wie Barrakudas oder Stachelmakrelen nicht abzuhalten, und Kugelfische begegnen ja auch Belästigungen vor allem durch blitzschnelles Vergrößern des Körpervolumens.

Im Lichtstrahl taucht ein Skorpionfisch oder Buckel-Drachenkopf (*Scorpaenopsis gibbosa*) auf und scheint gleich wieder zu verschwinden, so sehr stimmen die absonderlichen Umrisse und das von Verkrustungen durchsetzte Grün seiner Haut mit der Umgebung überein. Die Drachenköpfe haben nicht eigentlich Schutz-, sondern Tarnfarben, denn sie sind gefräßige Räuber, die, bewegungslos auf dem Grund liegend, Fischen bis zur eigenen Größe auflauern. Und auch die zu kräftigen Stacheln umgewandelten Strahlen der Flossen dienen eher dem Zweck, die Umrisse aufzulösen, als Feinde abzuschrecken, obschon diese bei einem Angriff mit unliebsamen Überraschungen zu rechnen haben.

Doktorfische (*Acanthuridae*) und Drückerfische (*Balistidae*) sind entweder einfarbig oder bizarr mit scharf abgesetzten Farben gezeichnet; sie passen sich also dem Untergrund in keiner Weise an. Ihre auffällige Zeichnung löst dafür die exakten Körperumrisse auf, so daß mögliche Angreifer in die falsche Richtung stoßen. Ein verfolgter Drückerfisch flüchtet sofort in Spalten oder Höhlen, wo er sich mit der aufstellbaren Rückenflosse und den Bauchstacheln so sehr verspreizt, daß er selbst tot kaum herausgeholt werden kann. Die Wurzeln des kräftigen ersten und des zweiten Stachelstrahls sind nämlich so konstruiert, daß der zweite wie ein Gewehrabzug einrastet und den feilenartigen ersten Strahl stehend blockiert. Am dritten Strahl befindet sich ein Beugemuskel, mit dem der zweite gelöst und die ganze Flosse wieder nach hinten geklappt werden kann.

Die friedlichen Doktorfische wiederum sind dank ihrer „Skalpelle" auf beiden Seiten des Schwanzes so wehrhaft (vgl. Legende 145 oben), daß ihre grellen Farben eher eine Warnung für mögliche Angreifer sein dürften.

Der suchende Strahl des Tauchers fällt nun auf einen Büschelbarsch oder Korallenwächter der Art *Cirrhites alternatus*, der ruhig auf einem Vorsprung sitzt und darauf wartet, daß etwas Eßbares in der Nähe vorbeischwimmt. Dieser phlegmatisch wirkende einheimische Fisch, der eher einem farbigen Stein als einem Fisch gleicht, hatte im Hawaiischen Archipel die ökologische Nische der karibischen und indopazifischen Zackenbarsche besetzt, bevor die Behörden solche Arten hier ansiedelten. Man hoffte so die Zahl der räuberischen Muränen zu verringern, um gleichzeitig die Bestände an Speisefischen, Hummern und Kraken zu erhöhen. Das mißlang allerdings gründlich – die meisten derartigen Faunenverfälschungen erweisen sich als verhängnisvoll –, denn die Zackenbarsche zeigten einen viel größeren Appetit auf die auch vom Menschen begehrten Meerestiere als auf Muränen.

Wenn man einen Fisch überhaupt griesgrämig nennen kann, dann sicher den Korallenwächter. Und unser Exemplar hat auch Grund dazu. Vor Einbruch der Dunkelheit hatte er sich zu seiner Putzerstation begeben, um sich von einer der winzigen Meerschwalben/Putzerlippfische (*Labroides dimidiatus*), die dort auf Kundschaft warteten, die Mundhöhle von Parasiten säubern zu lassen. Es sind mindestens sechsundzwanzig Fisch-, sechs Garnelen-, eine Krabben- und eine Wurmart bekannt, die diese Dienstleistung für größere Fische erbringen. Und die Etikette verbietet es, daß diese die Gelegenheit benützen und aus dem Kammerdiener eine Mahlzeit machen, der Mundraum, Kiemen, Schuppen und Flossen von den schmarotzenden Kopffüßern, Muscheln, Krebsen, Asseln und Würmern befreit.

Der Korallenwächter hatte also ergeben sein Maul aufgesperrt, als ein kleiner Fisch, der der Meerschwalbe ähnelte und das gleiche diensteifrige Verhalten zeigte, ein Falscher Putzer (*Aspidontus taeniatus*), plötzlich in sein Maul hineinschoß, ein Stück Lippe losriß und verschwunden war, bevor der verblüffte Büschelbarsch seinen Rachen zuklappen konnte. Obschon er noch immer zu schmollen scheint – ein Eindruck, der durch die zerfetzte Unterlippe verstärkt wird –, hat er den Zwischenfall bereits wieder vergessen und wird morgen wieder zur Putzerstation zurückkehren, da die Wohltat der regelmäßigen Säuberung solche gelegentlichen Mißgeschicke bei weitem aufwiegt.

Das Licht des Besuchers in dieser fremden, lautlosen Welt fällt nun auf eine gespenstische Form, die sich noch in einiger Entfernung befindet. Der Gelbe Hans

(*Gnathanodon speciosus*) schwimmt schnell heran und umrundet den Schwimmer mit offensichtlicher Neugier. Viele Arten aus der Familie der Stachelmakrelen (*Carangidae*) finden sich an beinahe allen Korallenriffen der Welt, andere folgen als schnelle Schwimmer den Hochseeraubfischen und Sardinenschwärmen. Im Riff bilden sie zusammen mit Barrakudas oder Pfeilhechten, Muränen und Zackenbarschen die Spitze der Nahrungskette. Im Gegensatz zu diesen standorttreuen Fischfamilien kennen die Stachelmakrelen jedoch kein eigentliches Territoriumsverhalten.

Eine Schule mittelgroßer Barrakudas beherrscht im allgemeinen das freie Wasser eines bestimmten Gebiets unmittelbar vor und über dem Riffabhang, während Muränen und Zackenbarsche in dem Korallendickicht selbst leben. Doch wenn auch ein Pärchen Gelbschwanzmakrelen (*Seriola dorsalis*) bestimmte Punkte des Riffs ständig wieder aufsucht – im allgemeinen patrouillieren sie doch, ebenso wie die nahe verwandten Lotsenfische, unablässig über weite Strecken, auf der Suche nach unvorsichtigen Fischen oder Kopffüßern und häufig als Vorboten oder im Gefolge des größten Räubers der Ozeane, des Hais.

Der Gedanke, daß der Gelbe Hans einen Hai mitgebracht haben könnte, läßt den Taucher unruhig werden. Er richtet seine Lampe nach hinten ins dunkle Meer hinaus und entdeckt eine herrlich gefärbte Nacktkiemerschnecke (*Nudibranchia*), die wie eine exotische Gartenschnecke am Blatt eines Roten Seefächers hängt. Diese Weichtiere, die einen schützenden Panzer aufgegeben haben, sind durch ihre Schreckfarben hinreichend geschützt, kündigen diese doch Giftstoffe an, die so wirksam sind, daß die Schnecke selbst das Weite suchen muß, wenn sie sie freisetzt.

Wohin der Taucher blickt, zeigt sich im Strahl der Lampe tausendfältiges Leben, das von pechschwarzer Dunkelheit gerahmt wird. Er hört die knackenden Schläge, mit denen ein Fangschreckenkrebs der Art *Squilla raphidea* eine Muschelschale zertrümmert, gefolgt von einem Schuß: Ein Pistolenkrebs (*Alpheus*) hat mit seiner Knallschere einen kräftigen Wasserstrahl auf ein Beutetier abgefeuert, um es zu betäuben. Der Schwimmer taucht auf und fühlt sich plötzlich sehr weit von den vertrauten Lichtern und Geräuschen am Strand entfernt. Er beschließt umzukehren.

Auf dem Rückweg begleiten ihn noch einige Kalmare, deren „Flügel" und Fangarme im Licht der Lampe aufleuchten und die ihn aus großen Augen anstarren, als wollten sie ihn in der so fremdartigen Welt unter Wasser zurückhalten. Er schwimmt weiter, bis er festen Sand unter den Füßen spürt, aber er wird zurückkehren – am nächsten Morgen.

129 Ein riesiger Röhrenschwamm dient dieser Leopardmuräne (*Gymnothorax tesselata*) in einem Riff vor der Karibikinsel Bonaire als Versteck. Als überwiegend nächtlich aktive Raubfische verankern die aalartigen Muränen ihren Hinterleib in ihrer Wohnhöhle und schwingen mit weit geöffnetem Maul in der Strömung langsam hin und her, bereit, einen unvorsichtigen Passanten sofort zu packen. Eine Muränenart wird über drei Meter lang, andere nur gut zehn Zentimeter, die meisten jedoch rund einen Meter. Die bissigen Tiere reagieren auf Beunruhigungen durch Taucher ausgesprochen gereizt und greifen an. Solche Begegnungen endeten auch schon mit Todesfällen. Manche der achtzig Muränenarten sind lebhaft gezeichnet; die Gattung *Echidna* aus dem Indopazifik hat ein Gebiß, mit dem sie Seeigel und Muscheln zu knacken vermag. (*David Doubilet*)

130 Ein Schwarm der rund sieben Zentimeter langen, halb durchscheinenden Sweeper (Gattung *Parapriacanthus*) flitzt im Golf von Akaba, dem östlichen Arm des Roten Meers, am Fotografen vorbei. In den letzten Jahrzehnten haben Meeresbiologen mit einer Bestandsaufnahme des Formenreichtums der Fauna im Roten Meer begonnen. Eugenie Clark, die hier über fünfundzwanzig Jahre gearbeitet hat, schrieb dazu: „Trotz der Trockenheit und lebensfeindlichen Sterilität seiner Umgebung weist dieses Meer von den korallenbesetzten Ufern bis in eine Tiefe von etwa siebzig Metern eine Lebensfülle auf, die für unseren Planeten einmalig ist und sogar die Formenvielfalt im australischen Großen Barriereriff übertrifft." (*David Doubilet*)

132 Der Gefleckte Trompetenfisch (*Aulostomus maculatus*) kommt im Atlantik vor allem in der Karibik vor. Hier lauert er senkrecht schwimmend zwischen den Stengeln einer Rindenkoralle. Seine durchsichtigen Flossen schlagen dabei so schnell, daß sie kaum zu sehen sind. Nähert sich ein Fischchen oder eine Garnele, stößt der bis zu sechzig Zentimeter lange Trompetenfisch blitzschnell darauf zu und saugt seine Beute wie mit einer Pipette auf. (*Charles Arneson*)

133 Dieser Pfauenaugenbutt (*Platophris lunatus*) ist an ihrem Ruheplatz in einem Korallenriff vor der Karibikinsel St. Lucia kaum zu sehen. Viele Plattfische können ihre Oberseitenfarbe und -zeichnung der Umgebung anpassen, doch wenige in so vollendeter Weise wie der fünfundvierzig Zentimeter lang werdende Pfauenaugenbutt mit seinem prächtigen Augenmuster. (*David Doubilet*)

134 Der Eigentliche Rotfeuerfisch (*Pterois volitans*) aus der Familie der Drachenköpfe besitzt in den langen Stacheln der Rückenflosse ein Gift, das äußerst schmerzhaft ist. Mit gespreizten Brustflossen und geöffnetem Maul greift er hier einen Taucher im Golf von Akaba an, der sich seinem Revier im Korallenriff genähert hat, und in ähnlichem Schwimmstil treibt er Beutefische mit seinen „Flügeln" in Ecken und verschlingt sie dann. Ein naher Verwandter, der Steinfisch (*Synanceja*), besitzt das stärkste bekannte, tödlich wirkende Fischgift. (*David Doubilet*)

136 Die unter zehn Zentimeter langen Anemonenfische (Gattung *Amphiprion*), auch Clownfische genannt, sind die bekanntesten Riffbarsche des Indopazifiks. Die meisten Arten leben in enger Symbiose mit Seeanemonen, hier eine *Radianthus ritteri* aus dem Roten Meer, die ihren Blumenkranz für die Nacht einzieht. Nach gewissen Untersuchungen sollen die Anemonenfische in ihrer Schleimhaut einen Stoff produzieren, der die Entladung der Nesselkapseln verhindert. Jedenfalls werden kranke Exemplare von dem Gift ebenso gelähmt wie andere Fischarten. Sonst aber ruhen sie zwischen den Fangarmen, ja schlafen in der Seeanemone, ziehen sich bei Gefahr

138 Die karibische Putzergarnele *Periclimenes pedersoni* ist bis auf wenige Punkte, die der Farbe ihres Gastgebers, einer Seerose der Art *Condylactis gigantea*, entsprechen, beinahe durchsichtig. In einer bewundernswerten Lebensgemeinschaft darf die Garnele, auf den Nesseltentakeln der Seerose sitzend, mit ihren langen Fühlern größere Fische heranwinken, deren Haut sie von Parasiten befreit. Manche Fische dulden sogar, daß die Garnele ihnen aus dem sicheren Hort heraus die Zähne putzt. Man nimmt an, daß sich die Seerose an den herangewinkten kleineren Fischen schadlos hält. (*James H. Carmichael, Jr.*)

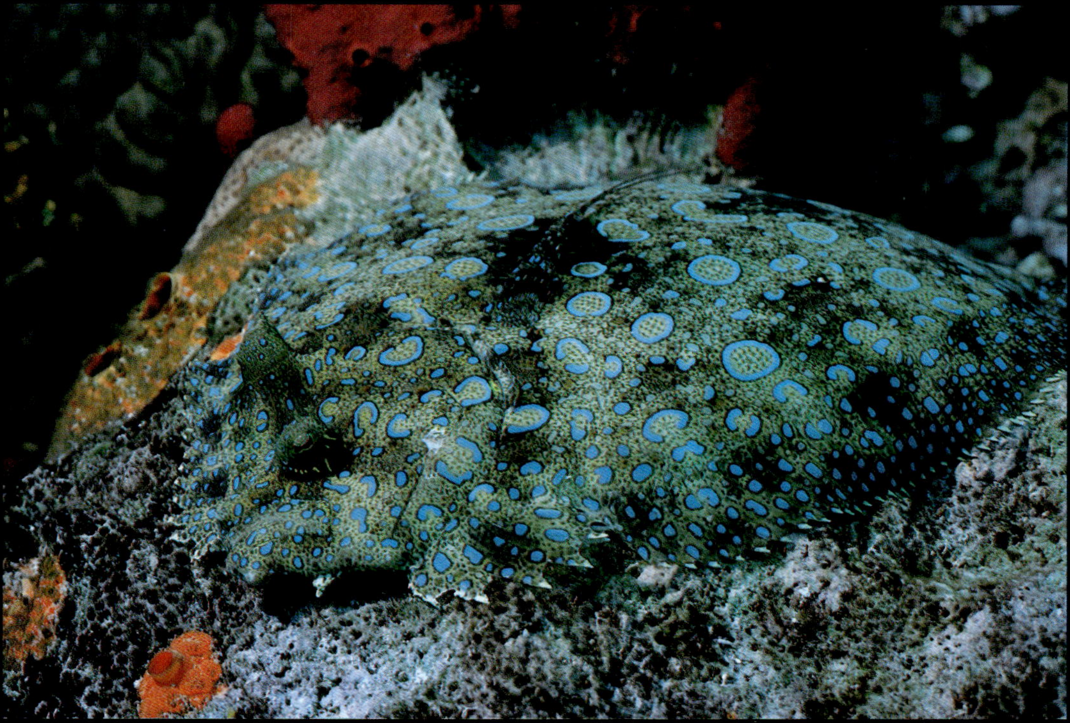

140 Um den langstachligen Diademseeigel (*Diadema setosum*) überwältigen zu können, spült der Rotzahn-Drückerfisch (*Odonus niger*) mit einem scharfen, ausgespuckten Wasserstrahl den Sand unter dem Opfer weg. Nach etlichen Anläufen wirft der Wasserdruck den Seeigel auf den Rücken, und der Drückerfisch kann mit seinem beißzangenartigen Schnabel den weniger geschützten „Bauch" knacken. Der Fisch vermag auch ohne weiteres die langen Stacheln zu zerbeißen. Drückerfische haben ihren Nahmen von einem Sperrmechanismus der Rückenflossen-

142 Wenn sich der Igelfisch der Art *Diodon holacanthus* sicher fühlt, liegen seine drohenden Stacheln flach. Bei Gefahr pumpt er jedoch soviel Wasser in seinen Magen, daß er kugelrund wird und die Stacheln rundum abstehen. Die vor Puerto Rico fotografierte Art kommt in tropischen Gewässern rund um die Welt vor. Die Polynesier fertigten früher Helme aus den getrockneten Häuten an, und die Chinesen benutzen die getrockneten „Ballone" heute noch als Lampenschirme. (*Charles Arneson*)

143 Unter den rund hundertfünfzig Arten der Familie Borstenzähner (*Chaetodontidae*) mit den Unterfamilien Gaukler und Engelfische finden sich die farbenprächtigsten Meerfische überhaupt. Die Vielfalt ihrer Zeichnungen und Farbvariationen ist unbeschreiblich. Doch dieser „schöpferische Wahn" hat Methode: Ihre Farbmuster lösen die Körperumrisse weitgehend auf, bei manchen Arten sind Kopf und Schwanz kaum zu unterscheiden. Die Gaukler sind gewandte Schwimmer und werden selten größer als zwanzig Zentimeter, manche Arten der langsameren Engelfische erreichen hingegen stattliche Ausmaße von bis zu sechzig Zentimetern. Dieser Blaue Kaiserfisch (*Pomacanthodes semicirculatus*) wurde in einem Korallenriff-Schutzgebiet vor der kenianischen Küste fotografiert. (*Chuck Nicklin/Woodfin Camp & Associates*)

144 Der Gattungsname der Seepferdchen, *Hippocampus*, bedeutet wörtlich Pferderaupe und trifft den Charakter dieser in Aussehen und Lebensweise seltsamen Fische fast noch besser als die deutsche Bezeichnung. Die Augen der Seepferdchen können unabhängig voneinander bewegt werden, und die Schnauze ist zu einer Pipette von größter Treffsicherheit und erstaunlicher Sogkraft ausgebildet. Tierisches Plankton im Umkreis von weniger als vier Zentimetern fällt diesem Saugrohr fast unfehlbar innerhalb von Sekundenbruchteilen zum Opfer, da Seepferdchen und die verwandten Seenadeln sehr viel Nahrung brauchen. Ein junges, im Aquarium gehaltenes Seepferdchen verschlang täglich rund zehntausend Salinenkrebse. Das Männchen erbrütet die rund zweihundert Eier während etwa vier Wochen in einer verschließbaren Bruttasche unter dem Schwanz. Von den zwei Dutzend Seepferdchenarten kommt annähernd die Hälfte im warmen Indopazifik vor, darunter auch das Krönchen-Seepferdchen (*Hippocampus kuda*). Das Kurzschnauzige Seepferdchen (*H. hippocampus*) hingegen dürfte jedem Mittelmeerreisenden getrocknet in Andenkenläden begegnet sein, und vom Mittelmeer bis zur Nordsee lebt das Langschnauzige Seepferdchen (*H. guttulatus*). (*Jane Burton/Bruce Colman, Inc.*)

145 *unten* Einer der buntesten Vertreter der Unterordnung Lippfische, die sich überhaupt durch oft unvorstellbare Farbenpracht auszeichnet, ist der westpazifische Harlekinlippfisch (*Lienardella fasciatus*). Den vorstehenden, kegelförmigen Reißzähnen folgen im Schlund kräftige Mahlzähne, mit denen Muschel- und Schneckenschalen oder Krebspanzer geknackt werden. Mit den Reißzähnen können die Lippfische auch Korallenstücke losbeissen, um an dahinter verborgene Beute zu gelangen. Die meisten Lippfischarten leben in tropischen und gemäßigten Meeren, manche dringen jedoch weit nach Süden und Norden vor. Der bis zu fünfzig Zentimeter lange Gefleckte Lippfisch (*Labrus bergylta*) und der etwas kleinere Kuckuckslippfisch (*L.ossifagus*) kommen an der atlantischen Küste von Trondheim in Norwegen bis Nordwestafrika und im Mittelmeer vor. Berühmt sind jedoch vor allem die kleinen Lippfischarten, die in den Korallenriffen als Putzerfische tätig sind und die Mäuler und Kiemen mächtiger Zackenbarsche und anderer großer Raubfische reinigen, ohne behelligt zu werden. (*Valerie Taylor*)

145 *oben* Die Skalpelle der Doktor- oder Chirurgenfische sind bei der auch Segelbader genannten Gattung *Acanthurus* (Dornschwanz) zwei zu – giftigen – Stellmessern umgeformte Schuppen, die wie Klingen bei Gefahr aus ihren Körpertaschen springen. Mit heftig schlagendem Schwanz schwimmt der Doktorfisch dann am Angreifer entlang und versucht ihn seitlich aufzuschlitzen. Die rund hundert Arten dieser wehrhaften tropischen Fischfamilie sind jedoch ansonsten friedliche Pflanzenfresser, die mit ihren Schabzähnen Algen von den Korallen äsen. Die ovale Form des pazifischen *Paracanthurus theutis* mit den sanft gerundeten langen Rücken- und Bauchflossen und der dreieckigen Schwanzflosse ist charakteristisch für die meisten Doktorfische. (*Allan Power/Photo Researchers, Inc.*)

146 Ein Neukaledonisches Perlboot (*Nautilus macromphalus*) gleitet, vom Rückstoß seines Trichterrohrs getrieben, an den Korallenriffen seiner polynesischen Heimatgewässer vorbei. Die heute lebenden sechs Perlbootarten, von denen keine größer als fünfundzwanzig Zentimeter wird, sind eigentlich lebende Fossilien, schwammen doch schon vor rund hundertachtzig Millionen Jahren im Körperbau praktisch identische Kopffüßer durch die vorzeitlichen Meere, von denen allerdings einige bis zu drei Meter Schalendurchmesser erreichten. Das Tier lebt nur in der letzten Kammer der spiraligen Schale und besitzt achtzig bis neunzig Fangarme, mit denen es bei seinen nächtlichen Jagdzügen Fischchen und Krebse zu seinen papageischnabelartigen Mundwerkzeugen führt. Tagsüber ruht es auf dem Meeresgrund; Auftrieb erhält es durch eine Erhöhung des Gasanteils in den bei erwachsenen Perlbooten über dreißig Schalenkammern. Am oberen Ende der Schalenöffnung ist rechts eines der beiden großen, gestielten Augen zu erkennen. (*Douglas Faulkner*)

147 In wenigen Augenblicken hat sich dieser Kugelfisch der Art *Arothron meleagris* aus dem tropischen Pazifik mit Wasser vollgepumpt. Kugelfische können jedoch nicht nur Wasser, sondern auch Luft in einen speziellen Magensack pumpen und treiben dann kopfüber an der Wasseroberfläche. Ist die Gefahr vorbei, läßt der Fisch Wasser und Luft mit einem lauten Rülpser wieder fahren und gewinnt seine normale Gestalt mit relativ großem Kopf zurück. Die meisten Kugelfische lagern in gewissen, allerdings bei allen Arten anderen Körperteilen Gifte ab, die für den Menschen tödlich sein können. (Alljährlich sterben in Japan über hundert Menschen nach dem Genuß von Fugus oder Kugelfischen.) Als typische Riffbewohner können sich die Kugelfische mit ihren schnell rotierenden Brustflossen wie Helikopter in jeder Richtung bewegen. Mit den äußerst kräftigen Mahlzähnen knakken sie vor allem Krebs- und Schalentiere. (*Chris Newbert/Bruce Coleman, Inc.*)

148 Nacktkiemer (*Ordnung Nudibranchia*) sind mit einer Ausnahme reine Meeresbewohner und äußerlich vollkommen symmetrisch wirkende Nacktschnecken. Mit grellen Schreckfarben und absonderlichen Gestalten signalisieren sie möglichen Freßfeinden ihre Ungenießbarkeit, und sie werden dann auch von Fischen sofort ausgespien, wenn diese sie versehentlich verschlingen. Diese karibische Art, *Tridachia crispata*, ist allerdings dank der in ihrem Mantel lebenden symbiotischen Algen zurückhaltender gefärbt. (*David Ballantine*)

150 Der etwa acht Zentimeter lang werdende Langschnäuzige Büschelbarsch (*Oxycirrhites typus*) besitzt keine Schwimmblase und verbringt die meiste Zeit seines Lebens zwischen Korallenästen im tropischen Pazifik. Aus seinem Versteck schießt er nur hervor, um mit dem flachzangenartigen Schnabel kleinere Fische zu packen oder größeren pflanzenfressenden Arten ganze Fleischstücke aus den Flanken zu reißen. (*Chris Newbert/Bruce Coleman, Inc.*)

Auf hoher See

152 Pazifische Fleckendelphine (*Stenella*) schnellen sich in der Abenddämmerung durch die Wogen des Golfs von Kalifornien. Da sich Delphinschulen dieser Art ebenso wie die des Schlankdelphins (*Stenella attenuata*) und des Gemeinen Delphins (*Delphinus delphis*) häufig mit Thunfischschwärmen vergesellschaften, wurden ihre Bestände von der intensiven Hochseefischerei der letzten Jahrzehnte beträchtlich dezimiert. Bis in die frühen sechziger Jahre waren die Thunfische mit Haken aus den Netzen heraufgeholt worden, doch seit der Einführung der riesigen Beutelnetze werden ganze Thunfischschwärme zusammen mit den Delphinen an Bord gehievt. Oft kommen dabei bis zu tausend dieser intelligenten Tiere bei einem einzigen Fangzug um. Der Eigentliche Delphin ist weltweit verbreitet und im Mittelmeer die häufigste Art. Die vielen Fabeln und Legenden über hilfreiche Delphine, die sich dem Menschen als Reittier zur Verfügung stellen, dürften auf diese äußerst neugierigen Tiere zurückgehen. (*Robert Hernandez/Photo Researchers, Inc.*)

Das Bambusrohr war in Honduras zurechtgeschnitten worden, um die Hängematte auf der Kapitänskajüte eines Frachters zu befestigen. Als das Schiff nach der Passage des Panamakanals vom Atlantik zum Stillen Ozean im Golf von Panama angekommen war, warf ein Matrose den Stock zusammen mit Küchenabfällen über Bord. Nach etwa einer Stunde hatte er Gesellschaft von zwei rund sechzig Zentimeter langen Hornhechten (*Belonidae*) erhalten. Die beiden Fische springen immer wieder über das treibende Rohr hinweg, als wollten sie damit spielen. In Wirklichkeit versuchen sie sich daran zu reiben, um sich von juckenden Pilzparasiten zu befreien. Die Hornhechte werden in ihrem Tun durch das Erscheinen eines Gestreiften Marlins (*Tetrapturus audax*) gestört. Der flinke Räuber aus der Familie der Fächerfische, der bis zu zweihundertsiebzig Kilo schwer werden kann, muß die Schwingungen der Hornhechte oder des Bambusrohrs gespürt haben, als er rund zwanzig Meter tiefer einen Schwarm Kraken verfolgte. Er schießt hinter dem einen Hornhecht her und zerschlägt ihm mit dem Speer das Rückgrat, bevor er das zappelnde Opfer lebend verschluckt. Der Marlin wendet, patrouilliert einmal rund um das Stück Treibholz und sticht wieder in die Tiefe, hinter dem Tintenfischschwarm her, den er zuvor verfolgte.

Im Gegensatz zum Schwertfisch (*Xiphias gladius*), bei dem der verlängerte Oberkiefer, der rund ein Drittel der gesamten Körperlänge ausmacht, seitlich abgeplattet ist und also tatsächlich einem Schwert ähnelt, ist er bei den Fächer- und Speerfischen lanzenförmig. Beim Pazifischen Fächerfisch (*Istiophorus orientalis*), der bis dreieinhalb Meter lang wird, ist die gewaltige Rückenflosse etwa dreimal so hoch wie der Körperdurchmesser.

Für längere Zeit bleibt der zweite Hornhecht beinahe regungslos parallel neben dem Bambusrohr liegen, wo er sich vor dem Fächerfisch versteckt hat, und macht nur dessen Auf und Ab im Rhythmus der Wogen mit. Als jedoch eine Stunde später drei winzige Fliegende Fische (*Exocoetidae*) auftauchen, erbeutet er einen nach dem anderen in methodischer Verfolgungsjagd, da jeder der Überlebenden immer wieder hartnäckig Schutz bei dem treibenden Bambusstock sucht.

Im Spätnachmittag läßt sich eine Königsseeschwalbe (*Sterna maxima*) auf dem Treibholz nieder und ruht etwa dreißig Minuten aus, bevor aus der Tiefe die riesige dunkle Masse einer Riesenmanta (*Manta birostris*) auftaucht und mit gemächlichem Flügelschlag unter dem Bambusrohr durchzieht. Die Seeschwalbe fliegt auf und rüttelt über der Oberfläche, um den Schwarm kleiner Lotsenfische (*Naucrates ductor*), der den Teufelsrochen begleitet, zu verfolgen. Doch die Fische schwimmen für einen erfolgreichen Tauchstoß zu tief und befinden sich auch zu nahe bei den bedrohlichen „Hörnern" auf beiden Seiten des Mantamauls. Die so gefährlich aussehenden, muskulösen Hautlappen benützt die Riesenmanta jedoch nur dazu, Plankton – und unvorsichtige Lotsenfische – in den großen, mit einem Seihapparat versehenen Rachen zu lenken. Der Vogel und der beinahe sieben Meter breite Rochen entfernen sich allmählich von demTreibholz.

Der Hornhecht war die ganze Zeit nahe an dem Rohr geblieben und schwimmt nun mit hastigen Schwanzschlägen in verschiedene Richtungen, als wolle er sich nach der Aufregung ein bißchen die Flossen „vertreten" oder die Grenzen seines neuen Heims erkunden. Bei hereinbrechender Dämmerung tauchen drei fast vierzig Zentimeter lange Pilotfische aus der Weite des Ozeans auf und bleiben ebenfalls bei dem treibenden Stock hängen. Sie sind zu klein, um den Hornhecht zu beeindrucken, aber gleichzeitig zu groß, um gefressen zu werden. Dennoch veranlaßt ihn ihre größere Zahl, seine Erkundungsausflüge aufzugeben und bei dem Bambusrohr zu bleiben – und das erweist sich als verhängnisvoll. Nach einer halben Stunde erscheint nämlich eine Schule anderthalb Meter langer Gemeiner Goldmakrelen oder Dorados (*Coryphaena hippurus*). Sie hetzen die Pilotfische auseinander, holen sie ein und zerreißen sie. Der Hornhecht versucht ihnen mit der gleichen List wie zuvor dem Gestreiften Marlin zu entkommen, doch vergeblich. Mehrere Dorados stürzen sich gleichzeitig auf ihn, und der Hornhecht flitzt in verzweifelter Flucht halb über die Wasseroberfläche hin, was sofort die Aufmerksamkeit der ganzen Meute erregt, die nun wie ein Rudel Wölfe hinter der mageren Beute herjagt.

Zweimal versucht er seinen Verfolgern zu entkommen, indem er in die Gischtkämme der Dünung eintaucht und einen Haken schlägt. Doch hinter und plötzlich auch neben ihm schäumt das Wasser. Die Dorados bleiben ihm auf den „Fersen" und scheinen mit ihrem Opfer zu spielen. Hätte der Hornhecht ein Bewußtsein, das über den einfachen Überlebenstrieb hinausginge, müßte er jetzt Todesangst haben. Mit einemmal ist das Ende da. Er ist umzingelt, das Wasser spritzt wild auf, und dann ist alles wieder ruhig. Die Flucht des Hechts hat den Verfolgungsinstinkt der Jäger ausgelöst, und sobald nichts mehr zu verfolgen ist, hat ein anderes Signal des Nervensystems die Hatz gestoppt; das Verzehren der Beute ist dann eine eher zweitrangige Angelegenheit.

Obschon Treibgut jeder Größe Fische und Meeresschildkröten anlockt, ist es um so attraktiver, je größer es ist und je länger es schon im Wasser liegt. Die allmählich sich zersetzende, für manche Tiere eßbare Oberfläche von Baumstämmen, die tief im Wasser liegend dahintreiben, bietet den verschiedensten Geschöpfen Möglichkeiten, die Plastikflaschen oder Aluminiumkanister nicht zu bieten haben. Doch wieso versammeln sich Fische eigentlich unter Treibgut? Vielleicht aus demselben Bedürfnis, das uns in einer weiten Ebene unwiderstehlich auf einen alleinstehenden Baum, ein Gehölz oder ein Haus zutreibt. Sie sind ein fester Halt, ein Stützpunkt in der unermeßlichen Einförmigkeit der Hochsee.

Nachdem unser Bambusstock südwärts gegen die kolumbianische Küste gedriftet ist, treibt ihn nun der kräftige Ostwind weit hinaus in den Stillen Ozean, an der zu Costa Rica gehörenden Isla del Coco vorbei. Der Doradoschwarm ist längst von einem Blauen Marlin (*Makaira nigricans*) zerstreut worden. Dieser bis zu siebenhundert Kilo schwere Fächerfisch gilt als der schnellste Schwimmer und beste Springer überhaupt: Er erreicht bis zu neunzig Stundenkilometer, und Sprünge über vierzig Meter wurden schon mehrfach beobachtet. Beute macht er, indem er mit seinem langen Speer wild um sich schlagend in einen Fischschwarm hineinschießt, wendet und die halb getöteten Tiere einzeln verschlingt. Noch größer wird der ebenfalls im Indopazifik lebende Schwarze Marlin (*Makaira indica*). So war ein vor Peru gefangenes Exemplar 14 Zentner schwer und rund 4,5 Meter lang.

Die überlebenden Dorados hatten sich zwar nochmals bei dem Stück Treibholz versammelt, es aber endgültig verlassen, als ein vorbeiziehender Makrelenhai oder Mako (*Isurus oxyrhynchus*) den größten aus ihrer Mitte geholt hatte. Einen Tag und eine Nacht lang bleibt der Bambusstock allein, dann stößt im Morgengrauen ein Trupp Gill-Tümmler (*Tursiops gillii*) darauf und vergnügt sich eine Weile damit: Einer der verspielten Meersäuger hebt ihn auf der einen Seite an, als er unter ihm durchschwimmt, während der nächste Delphin hoch über den ins Wasser zurückplatschenden Stock hinwegspringt. Doch schon sind die Tümmler des Spielzeugs müde und ziehen weiter.

Eine Stunde später taucht mit schwergewichtiger Grazie der Rücken des größten Lebewesens aus den Fluten, das je auf Erden gelebt hat. Der Blauwal (*Balaenoptera musculus*) stößt eine mächtige Fontäne dampfender Atemluft aus seinem Spritzloch auf dem Kopf und taucht gemächlich wieder in die Dünung ein. Die Wellen, die diese Erscheinung verursacht, werfen den Bambusstock einige Meter weit weg, so daß er schließlich mehrere Kilometer weiter nördlich an Land gespült wird. Bis dahin haben sich bereits einige Entenmuscheln (*Lepas*) an derjenigen Seite des Stocks angesiedelt, die überwiegend im Wasser lag. In Küstennähe schlüpfen mehrere junge, rund drei Zentimeter lange Fadenmakrelen (*Alectis ciliaris*) in seinen schützenden Schatten. Die fadenförmigen Strahlen der Afterflosse hängen weit hinter der Schwanzflosse zurück. Bei den erwachsenen, etwa vierundzwanzig Zentimeter lang werdenden Fischen sind sie kürzer, und der Körper hat sich in eine hohe Rhombenscheibe verwandelt. Für die vorbeiziehende Schule von Pazifischen Grindwalen (*Globicephala sieboldii*) sind die Jungfische jedoch noch uninteressant, und nach kurzer Inspektion des Bambusstocks tauchen sie mit beinahe simultanem Ausstoßen der Atemluft in die Tiefe, wo sie Jagd auf ihre bevorzugte Beute, Kalmare und Kraken, machen, von denen ein einzelner Grindwal pro Tag bis zu fünfzig Kilogramm verzehrt.

Im seichten Wasser des Golfs von Fonseca treibend, bleibt der Bambusstock schließlich am Strand in der Nähe der Grenze von Nicaragua und Honduras hängen. Nach einer Reise von rund zweieinhalbtausend Kilometern ist er nun auf der andern Seite des Kontinents gelandet, kaum hundert Kilometer von der Stelle entfernt, wo er gefällt wurde. Jetzt ist er von einem dichten Algenbelag bedeckt und übersät von Entenmuscheln und Seepocken, die aus winzigen, frei treibenden Larven herangewachsen sind.

157 Ein Buckelwal (*Megaptera novaeangliae*) demonstriert in der alaskischen Glacier Bay das artistische Sprungvermögen, für das diese Walart zusammen mit ihrem stimmlichen Repertoire berühmt ist. Springende Buckelwale vermögen in der Luft perfekte Rückwärtssalti zu schlagen. Und mit offensichtlicher Spielfreude schlagen sie manchmal mit ausgebreiteten Flossen so auf dem Wasser auf, daß der kanonendonnerähnliche Widerhall meilenweit zu hören ist. Die mittelgroßen Buckelwale erreichen eine Länge von dreizehn bis fünfzehn Metern und ein Gewicht um dreißig Tonnen. Ihre massigen Körper, vor allem die Kopfoberseite, sind häufig mit bis zu einer halben Tonne Seepocken besetzt (vgl. Seite 16). (*Al Giddings/Sea Films, Inc.*)

158 Der Blauwal (*Balaenoptera musculus*) ist mit maximal dreiunddreißig Metern Länge und einem Gewicht von bis zu hundertdreißig Tonnen das größte Tier, das je die Erde bewohnte. Doch schiere Größe ist nicht mit Macht gleichzusetzen, wie dieses Bild aus einem rund fünf Stunden dauernden Tierdrama beweist, das bereits begonnen hatte, als es von einem Forschungsschiff aus entdeckt wurde. Ein junger, etwa zwanzig Meter langer Blauwal war von einer Meute von neunundzwanzig Schwertwalen in einer blutigen Verfolgungsjagd, die sich über fast vierzig Kilometer hinzog, attackiert worden. Die Schwertwale umringten dabei wie Bienen einen Bären den jungen Riesen von allen Seiten, um ihn an der Flucht zu hindern, zerfleischten zuerst seine Flossen und rissen immer größere Stücke aus seinen Flanken. Unerklärlicherweise ließen sie dann plötzlich von dem tödlich verwundeten Blauwal ab und verschwanden. (*Robert Vile/Sea FifIms, Inc.*)

160 Eine Echte Karettschildkröte (*Eretmochelys imbricata*) „kreuzt" vor dem Korallenriff einer Insel im Palau-Archipel. Die in allen tropischen Weltmeeren verbreitete Art ist wegen ihres hornfarbenen, dunkel geflammten Panzers, der das begehrte Schildpatt liefert, von der Ausrottung bedroht, denn noch heute werden alljährlich Tausende dieser hochspezialisierten Kriechtiere, deren Panzer rund einen Meter lang werden kann, trotz der strengen Bestimmungen des Internationalen Artenschutzabkommens für die Befriedigung modischer Wünsche gemeuchelt. (*Douglas Faulkner*)

161 Der gut fünfzehn Zentimeter lange Schnabel des pazifischen Gill-Tümmlers (*Tursiops gillii*) ist mit gleichmäßigen kleinen Zähnen besetzt, die nur dem Zupacken dienen und die Beute nicht zertrennen können. Doch die Vorfahren unserer heutigen Delphine, Abkömmlinge von Urinsektenfressern oder Urraubtieren, die vor vermutlich fünfundsiebzig Millionen Jahren wieder ins Wasser gingen, hatten noch Schädelformen und Kaugebisse, die an jene heutiger Raubtiere erinnern. Mit der fortschreitenden Anpassung an das Wasserleben wanderten die Nasenlöcher von der Nase auf die Kopfoberseite, um die Atmung während des Schwimmens zu erleichtern, während sich der Schädel verlängerte. Neben dem Gemeinen Delphin dürften Tümmler die bekanntesten Zahnwale sein, nähern sie sich doch häufig den Küsten oder umspielen Schiffe oft stunden- und tagelang. (*David Doubilet*)

162 Der Blauhai (*Prionace glauca*) ist ein ausgesprochener Hochseebewohner und legt oft weltweite Wanderungen zurück. So wurde ein vor New York markierter Blauhai zwei Jahre später über dreitausend Kilometer entfernt an der kolumbianischen Karibikküste gefangen. In gemäßigten und subtropischen Meeren gehört dieser bis zu sechs Meter lang werdende, aber ausgesprochen schlanke Hai zu den häufigsten Arten. Da er kaum in Küstengewässer vordringt, sind Angriffe auf Badende eher selten; um so lästiger fällt er den Fischern und Walfängern, wenn ganze Rudel die gefüllten Netze plündern beziehungsweise die im Wasser schwimmenden toten Bartenwale zerfleischen. Blauhaie überwältigen aber auch gleich große Zahnwale. (*Howard Hall/ Tom Stack & Associates*)

164 Die Sägefische oder Sägerochen (Familia *Pristidae*) gehören trotz ihrer haiähnlichen Gestalt und Fortbewegungsweise zu den Rochen. Die Schnauze des Westlichen Sägefischs (*Pristis pectinatus*) nimmt annähernd ein Drittel der Gesamtlänge von bis zu sechs Metern ein. Mit dem beidseits von spitzen Dolchzähnen besetzten Schwert wühlt das Tier im Grund, wehrt Angreifer ab oder schlägt damit in einem Fischschwarm heftig hin und her, um dann die verwundeten Fische nacheinander zu verzehren. Der abgebildete Sägerochen wurde im Roten Meer fotografiert und maß annähernd fünf Meter. Sägefische wandern häufig in Flußmündungen, und im Nicaraguasee lebt eine dem Süßwasser angepaßte Population. (*David Doubilet*)

166 Im frühen Morgenlicht erglänzt die Unterseite einer Riesenmanta (*Manta birostris*), die sich in der Nähe der Galapagosinseln an den reichen Planktonvorkommen gütlich tut. Die beiden „Hörner" oder Kopfflossen des Teufelsrochens sind löffelartige Verlängerungen der Schnauze, die die Plankter dem weit geöffneten Maul zuführen, wo sie sich im Seihsieb des Kiemenkorbs verfangen. Die bis zu sieben Meter breiten, aus verlängerten Brustflossen gebildeten Flügel tragen die bis zu zwei Tonnen schweren Tiere wie mächtige Greifvögel durch die Fluten der Hochsee. (*David Doubilet*)

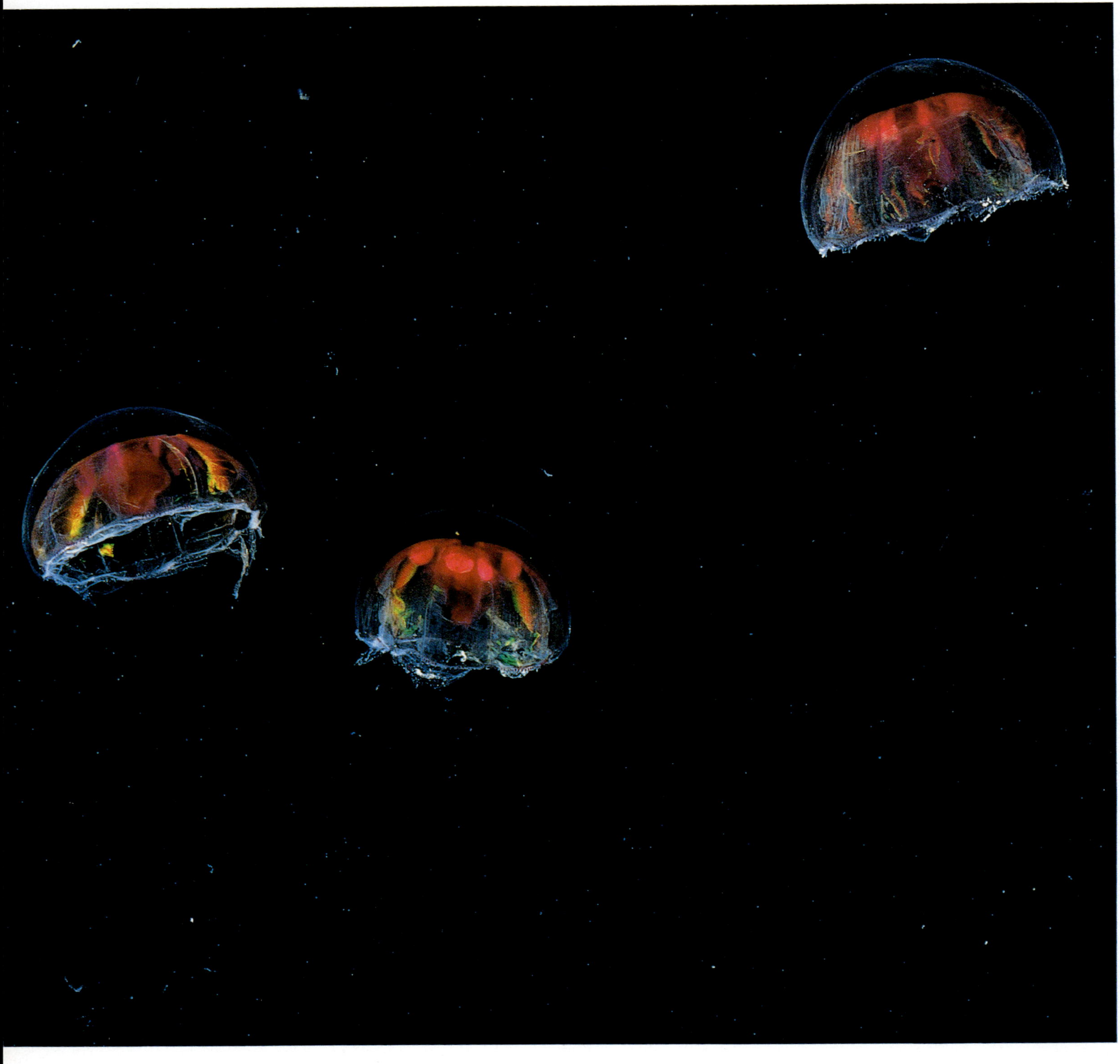

Leben in ewiger Nacht

168 Diese winzigen, aber prächtig gefärbten Quallen wurden vor der südkalifornischen Küste in rund tausend Meter Tiefe fotografiert, ihre Artzugehörigkeit konnte bisher nicht eindeutig bestimmt werden. Tiefseemedusen sind übrigens stärker gefärbt als die an der Oberfläche treibenden Arten, die oft völlig durchscheinend sind und nur durch die Lichtbrechung auffallen. Das Gegenstück zu solchen Zwergformen bildet die Arktische Riesenqualle (*Cyanea arctica*): Ihr Schirm erreicht über zwei Meter Durchmesser, und wenn sie sich mit ihren rund hundertfünfzig bis zu fünfzig Meter langen Tentakeln langsam gegen den Grund absinken läßt, kann sie auf einmal eine Fläche von etwa fünfhundert Quadratmetern abfischen. (*Langdon Quetin*)

Während drei Tagen und Nächten hat der kräftige Nordwestwind die südwärts ziehenden Zugvögel an der amerikanischen Ostküste weit über den Atlantik hinaus abgetrieben. Besonders erschöpft sind die kleineren Singvögel, die immer tiefer über den Wellen dahinflattern, allmählich im Wasser hängenbleiben, sich in einem letzten Aufbäumen gegen das fremde Element und den Tod wehren und dann aufgeben. Wind und Wellen treiben die zarten Körper der besiegten Sänger zu erschütternden Schwaden zusammen. Ein paar Mantelmöwen (*Larus marinus*) und mehrere Silbermöwen (*Larus argentatus*) entdecken die toten Vögel und schlagen sich den Bauch voll. Doch Tausende der gefiederten Leichen saugen sich allmählich mit Wasser voll und sinken langsam in die Tiefe, einem mehrere tausend Meter weiter unten gelegenen Meeresgrund entgegen. Aber nur wenige von ihnen werden unten in identifizierbarer Form ankommen.

Das Leben in der Tiefsee hängt von dem Segen ab, der in unterschiedlichster Form von oben herabregnet. Da unterhalb von zweihundert Metern kein Pflanzenleben mehr möglich ist – auch in den klaren, von der Sonne erhellten tropischen Meeren nicht –, leben die Geschöpfe der mittleren Tiefseestufe von einem geschlossenen Nahrungskreislauf. Bizarr geformte Fische und Kopffüßer der aus höheren Gefilden vertrauten Arten fressen sich gegenseitig oder ernähren sich von herabsinkenden toten Tieren, wie den eben erwähnten Zugvögeln, toten Meersäugern oder Fischen.

Myriaden winziger Organismen und höherer Tiere leben von der Masse absterbender und allmählich herabsinkender Schwebstoffe, die durch die sogenannte Tiefenstreuschicht hindurch müssen, um auf den Grund zu gelangen. Das Leben im Meer kann mit einem Stundenglas verglichen werden. Die oberste Schicht ist von praller Fülle und Vielfalt sowohl an Arten wie an Individuen. Nach unten verringern sich beide allmählich bis in etwa vierhundert Meter Tiefe. Hier hängt über alle Meere verstreut wie eine lebende Milchstraße, die nachts zur Oberfläche emporsteigt und am Morgen wieder absinkt – manchmal bis zu achthundert Meter tief –, diese Tiefenstreuschicht. Das Phänomen wurde während des Zweiten Weltkriegs entdeckt, als man nach Möglichkeiten suchte, Unterseeboote mit Schallwellen aufzuspüren. Anhand der zurückgeworfenen Signale, die von den Sonargeräten aufgezeichnet wurden, stießen die Wissenschaftler dabei in Gebieten, von denen man wußte, daß sie viel tiefer sein mußten, auf sogenannte „Phantomböden". Mittels Planktonschleppnetzen und Beobachtungen von Tiefsee-Tauchbooten, wie dem Bathyscaph *Trieste* des Schweizers Jacques Piccard, konnte nachgewiesen werden, daß die Schallwellen von den Schalen unzähliger winziger Krebse und den Schwimmblasen und Gasglocken lichtscheuer Fische und Staatsquallen zurückgeworfen wurden.

In gewisser Weise ist die Tiefenstreuschicht die Decke eines anderen Lebenskreislaufs, der auf den photosyntheseunabhängigen Bakterien der Tiefsee beruht. Von dieser Decke bis zum Meeresgrund wachsen Artenvielfalt und Individuenzahl allmählich wieder an, ohne allerdings in irgendeiner Weise mit jener der lichten Oberflächenschicht konkurrieren zu können.

Bis zur Reise des britischen Forschungsschiffs *Challenger*, mit dem in den 1870er Jahren der Marianengraben untersucht worden war, hatte man geglaubt, daß die Tiefsee eine unbewohnte Mondlandschaft sei. Die Ergebnisse der *Challenger*-Expedition bewiesen, daß selbst einige der tiefsten Meerestiefen Leben enthielten. Da jedoch die Sammel- und Meßwerkzeuge damals noch äußerst einfach waren, hatte man nur festsitzende oder wenig bewegliche Geschöpfe wie Schwämme und Seesterne gefunden. Mit der Expedition der dänischen *Galathea*, die 1951 im zehntausend Meter tiefen Philippinengraben Seeanemonen, Seegurken, Muscheln und Krebse fand, und mit der *Trieste*, die 1959 den Grund des fast elftausend Meter tiefen Challenger-Tiefs im Marianengraben erreichte, wurden diese Erkenntnisse beträchtlich erweitert. Dann hatten vier Techniker eines kalifornischen ozeanographischen Instituts Film und Fotokameras entwickelt, die dem enormen Druck dieser Tiefen – mehr als zwei Tonnen pro Quadratzentimeter – widerstanden. Die Geräte waren mit Ködern, Scheinwerfern und Zeitsteuerung ausgerüstet, so daß während bis zu 48 Stunden Fotos und Filmaufnahmen in bestimmten Intervallen gemacht werden konnten. Mit der Funk- und Radarausrüstung an Bord des Forschungsschiffs konnten die Kameras exakt gesteuert und ihr Standort gemessen werden. Die Auswertung der Aufnahmen aus vierhundert bis siebentausend Meter Tiefe in allen Weltmeeren hat unsere Kenntnisse über die Tiefsee revolutioniert.

Bei mehr als der Hälfte der Fototauchgänge erschien der erste Fisch innerhalb von dreißig Minuten, nachdem das Kameragestell den Grund erreicht hatte, im Bild. Interessanterweise ist während des Abstiegs, der manchmal mehrere Stunden dauert, wenig zu sehen, abgesehen von dem „Schnee" der Tiefenstreuschicht. Auf dem Grund, in sechstausend Meter Tiefe, ändert sich das jedoch drastisch. Selbst auf dem nackten, mit Manganknollen übersäten Boden des Nordpazifischen Wirbels, dessen Oberflächenwasser zu den fischärmsten Gebieten der Weltmeere gehört, lockte der Köder innerhalb von wenigen Stunden mehr als vierzig große Fische und Tiefseegarnelen an. Das Artenspektrum umfaßte im allgemeinen einen großen, bis meterlangen Fisch, etwa einen Eingeweide- (*Ophidiidae*) oder Grenadierfisch (*Macrouridae*). Sie wurden von zahlreichen Seedrachen oder Chimären (*Holocephali*) und Ingern (*Myxine*) verjagt. Die mit den Neunaugen (*Petromyzones*) verwandten Inger aus der urtümlichen Wirbeltierklasse der Kieferlosen befallen im Gegensatz zu jenen keine gesunden Fische, sondern bohren sich in tote oder sterbende Organismen, die sie von innen her aushöhlen. Wenn Scharen von Ingern zusammen ein Aas aufzehren, bedecken sie es mit einer Schleimschicht, die die meisten anderen Tiefsee-Totengräber abzuhalten scheint.

Einer allerdings läßt sich nicht vergrämen: der bis zu acht Meter lange Eishai (*Somniosus microcephalus*). Bevor diese Tiefseeaufnahmen gemacht werden konnten, hatte man dem Eishai ein Verbreitungsgebiet in den arktischen Gewässern in Tiefen von null bis sechshundert Metern zugeschrieben, heute ist er als kälteliebende Art in mittleren Breiten des Atlantiks, des Pazifiks und des Mittelmeers in Tiefen von mehr als zweitausend Metern nachgewiesen. Nicht identifizierte Haie wurden in noch weit größeren Meerestiefen fotografiert, in denen praktisch kein gelöster Sauerstoff vorhanden ist. Diese das höhere Leben erstickenden Löcher wirken möglicherweise als Fallen für vertikal wandernde Tierarten, so daß Aasfresser, die für kurze Aufenthalte in diesen sauerstoffarmen Zonen ausgerüstet sind, hier ein reiches Nahrungsangebot vorfinden.

Die letzten, die beim Köder erscheinen, den der Hai bis auf klägliche Reste verzehrt hat, sind Schnecken und Seeigel. Manchmal läuft der Film jedoch auch anders ab, beispielsweise in dem Fall vor der kalifornischen Küste, bei dem ein Oktopus den Köder in viertausend Meter Tiefe annahm und die anderen Freßlustigen auf Fangarmlänge fernhielt. Und bei der Cedrosinsel vor Niederkalifornien teilten sich zwei Kraken den Köder, während sie gleichzeitig einen offensichtlich hungrigen Grenadierfisch erfolgreich abwehrten.

Wenn das Kameragestell auf einer Anhöhe im Meeresgrund landet oder wenn der Köder aus irgendeinem Grund über dem Boden schwebt, haben Haie und Inger Mühe, die Nahrung zu finden. Sie werden vom Geruch angezogen, scheinen aber nicht zu realisieren, daß sie das Futter in der Höhe holen müssen. In anderen Fällen scheinen gewisse Tiefseefische wie die Eingeweidefische mit ihrer vermutlich reduzierten Sehkraft von den Geräuschen der anderen bereits fressenden Totengräber angelockt zu werden.

Ewige Nacht, hoher Druck und eine gleichbleibende Kälte sind die wenig einladenden Bedingungen der Tiefsee. Sie haben nur einen Vorteil: sie bleiben stets gleich. Die Dunkelheit ist so vollständig, der Druck so gewaltig, daß die Geschöpfe, die sich dem Leben in dieser Tiefe angepaßt haben, in einer Weise spezialisiert sind, die sich im Flachwasser kaum findet. Ein Beispiel für die extremen Bedingungen: Wenn der Wasserdruck in jeder Tiefe jenem an der Oberfläche entspräche, würden die Ozeane weltweit fast dreißig Meter ansteigen.

Knorpelfische wie Haie und Chimären oder Seedrachen stoßen ohne größere Schwierigkeiten in die Tiefsee vor, da sie alle keine Schwimmblase besitzen und ohne dauerndes Schwimmen von selbst auf den Grund sinken. Bei ihnen ist entscheidend, daß das Körpergewebe dem enormen Druck der Wassersäule standhält. Die meisten Tiefseeorganismen haben jedoch einen sehr hohen Flüssigkeitsanteil in ihrem Gewebe, so daß der Druck im Körper annähernd jenem der Umgebung entspricht. Doch selbst gewisse Knochenfischarten mit Schwimmblasen, die auch im Flachwasser vorkommen, können die Randzonen der Tiefe besiedeln – zum Beispiel Drachenköpfe (*Scorpaenidae*) oder Groppen (*Cottidae*). Sollten jedoch diese Fische aus irgendeinem Grund plötzlich ihren Hochdruck-Lebensraum verlassen, würde sich die Luft in ihrer Schwimmblase derart ausdehnen, daß sie wie Ballone unkontrolliert aufstiegen und am Wärmeschock oder wegen der zerplatzten Schwimmblase verendeten. Das illustriert ein berühmtes Beispiel aus dem letzten Jahrhundert. Im März 1882 waren im Atlantik nach ungewöhnlich heftigen und langandauernden Nordstürmen schätzungsweise fünfzigtausend Quadratkilometer Wasseroberfläche mit rund 1,4 Milliarden toten oder sterbenden Blauen Ziegelbarschen (*Lopholatilus chamaeleonticeps*) bedeckt, die vielleicht nach einem plötzlichen Temperaturwechsel in ihrem Tiefsee-

Lebensraum passendere Wasserschichten aufsuchten und unvermittelt in eine verhängnisvolle Höhe gerieten. Erst rund zehn Jahre später wurden wieder vereinzelt Exemplare dieser bis zu sechzig Zentimeter lang werdenden Barsche gefunden.

Obwohl die Meere mindestens so alt sind wie die Kontinente, dürfte die Tiefsee erst besiedelt worden sein, nachdem der erste Gliederfüßer vor rund 360 Millionen Jahren an Land gekrochen ist. Dunkelheit, Druck und Kälte waren ein viel lebensfeindlicherer Lebensraum für die keimende Tierwelt als das neue Element über dem Wasser.

Für manche Geschöpfe jedoch erwies sich die Tiefsee als Rückzugsgebiet, in dem sie die sich wandelnden Zeiten überdauern konnten. Im Dezember 1938 entdeckte die Kustodin von East London an der Ostküste Südafrikas unter dem angelandeten Fang einen über anderthalb Meter langen, stahlblauen Fisch mit mächtigem Unterkiefer und fleischigen Flossen, die wie Gliedmaßen abstanden. Sie konservierte ihn, konnte das Tier jedoch nicht bestimmen und schickte deshalb eine Zeichnung an den führenden südafrikanischen Fischkundler, Professor J. L. B. Smith in Grahamstown. Dieser meinte später: „Ich wäre nicht erstaunter gewesen, wenn mir auf der Straße ein Dinosaurier begegnet wäre." Zuvor hatte man nämlich die Quastenflosser (*Crossopterygii*) nur aus Versteinerungen gekannt und sie als seit rund siebzig Millionen Jahren ausgestorben betrachtet.

Der bis zu zwei Meter lang und bis zu achtzig Kilo schwer werdende Komoren-Quastenflosser (*Latimeria chalumnae*) ist der einzige bekannte überlebende Hohlstachler (*Coelacanthini*). Diese bilden eine Seitenlinie der Unterklasse der Fleisch- oder Muskelflosser – zu ihr gehören auch die vier süßwasserbewohnenden Lungenfischarten –, die für die Entwicklung der Vierfüßer von entscheidender Bedeutung war und im Erdaltertum ihre Hochblüte erlebte. Als Versteinerungen sind mindestens sechzig Quastenflosser und vierzig Lungenfische bekannt. Aus der Unterordnung der Rhipidistia entwickelten sich im Devon die ersten Amphibien.

Seit der „Entdeckung" – inzwischen hat sich herausgestellt, daß der Fisch bei den Eingeborenen als „Kombessa" ein längst bekannter, aber wenig geschätzter Speisefisch ist – wurden noch beinahe hundert Quastenflosser für wissenschaftliche Untersuchungen gefangen, bis auf den ersten alle am Sockel der Komoreninseln, der steil auf den rund dreitausend Meter tiefen Meeresgrund abfällt. In diese Tiefen ist der Komoren-Quastenflosser vor Jahrmillionen abgewandert und hat sich seither insofern geändert, als er seine Stummelbeine in Flossen und die paarige Lunge in eine fettgefüllte Schwimmblase umgewandelt hat. Seine Vorfahren im ausgehenden Erdaltertum sahen zwar fast gleich aus, bewohnten aber das Flachwasser der Küsten, wo sie auf ihren fleischigen, beweglichen Stummelbeinen umherkrochen, wie urtümliche Lurche einen beweglichen Kopf und einfache Lungen besaßen. Auch die Jagdtechnik könnte der mancher Lurche entsprechen: Er nähert sich auf seinen Beinen langsam einem möglichen Opfer – etwa dem weltweit in diesen Tiefen verbreiteten Ölfisch (*Ruvettus pretiosus*) –, schießt dann mit einem mächtigen Satz darauf los und verschluckt es durch die Sogwirkung des weit aufgerissenen Mauls.

Viele Tiefseebewohner sind lebendgebärend, da die Strömung in diesem Lebensraum nicht ausreicht, um planktonische Larven auseinanderzutragen und Nahrung für sie heranzubringen. Deshalb war es für Meeresbiologen nicht überraschend, daß auch das Komoren-Quastenflosserweibchen seine riesigen Eier – zehn Zentimeter Durchmesser! – im eigenen Leib ausbrütet. Die jungen Quastenflosser beginnen unmittelbar nach der Geburt, in den Unterwasserklippen auf Jagd zu gehen.

Ein anderes Relikt der Urzeit in der Tiefsee ist der Kragen- oder Krausenhai (*Chlamydoselachus anguineus*), der schon in fast allen Meeren in Tiefen unter tausend Metern gefangen wurde. Der eher aalähnliche, bis zu zwei Meter lange Fisch hat zu viele Kiemenspalten, zu wenig Rückenflossen und die falsche Art von Zähnen, um zu den modernen Haien gezählt werden zu können. Und tatsächlich gehört er zusammen mit den Grauhaien (Hexanchidae) und Stierkopf- oder Hornhaien (Heterodontidae) zu urtümlichen Formen, die bereits im Jura und Miozän vorkamen, während die anderen heutigen Arten erst von der Kreidezeit an erscheinen. Eine dem Krausenhai ähnelnde Art ist seit rund fünfundzwanzig Millionen Jahren ausgestorben.

Doch neben all diesen fremdartigen Geschöpfen, die sich dem Leben in der Tiefsee angepaßt haben, wirkt es um so erstaunlicher, daß es auch warmblütige Tiere geschafft haben, in diese Tiefen vorzudringen und vom Oberflächenbereich mit weniger Anstrengung ins Reich der Kälte, der Nacht und des hohen Wasserdrucks hinüberzuwechseln, als es uns kostet, hügeliges Gelände zu durchwandern. Und manche bizarren Tiefseefische sind der Wissenschaft nur bekannt, weil sie von diesen Säugern – beispielsweise Seebären – gefangen und in ihren Mägen gefunden wurden. Im April 1932 brachte ein Kabelunterhaltsschiff einen männlichen Pottwal (*Physeter catodon*) an die Wasseroberfläche, der sich in mehr als tausend Meter Tiefe vor der kolumbischen Küste in einem Kabelstrang verfangen hatte und ertrunken war. Vielleicht hatte der Wal mit seinem Schallortungssinn das dicke Kabel als Fangarm eines Riesenkalmars (*Architeuthis*) identifiziert, die vermeintliche Beute hungrig angegriffen und war ertrunken, weil er mit dieser Echopeilung Stahl nicht von Fleisch unterscheiden konnte. Pottwale fressen fast ausschließlich Tiefseetintenfische und tauchen dafür regelmäßig fünfhundert bis tausend Meter hinab. Sie können aber vermutlich noch bedeutend tiefer tauchen, denn Berichte von Walfängern, die noch mit Harpune und Leine jagten, belegen, daß getroffene Pottwale mehrfach über zweitausend Meter Leine senkrecht mit in die Tiefe nahmen. Und die Schreckensgeschichten alter Seefahrer über riesige Kraken, die ihre Schiffe angriffen, haben insofern etwas Wahres, als große Riesenkalmare diese vielleicht mit Pottwalen verwechselten, gegen die sie sich erbittert zur Wehr setzen. Daß die Gegner oft etwa gleich groß sind, belegt der Mageninhalt eines Pottwals mit den Überresten eines Riesenkalmars, dessen Augen vierzig Zentimeter, manche Saugnäpfe bis zu fünfundzwanzig Zentimeter Durchmesser hatten. Nach Vergleichen mit anderen großen Exemplaren schätzte man, daß dieser Tintenfisch mit den Fangarmen eine Gesamtlänge von über fünfundzwanzig Metern und ein Gewicht von mehreren Tonnen gehabt hatte. Pottwale sind selten länger als achtzehn Meter.

Im Reich der Nacht setzen verschiedene, miteinander nicht näher verwandte Fischarten, aber auch Krebstiere und Kopffüßer Licht ein, um Angreifer durch unerwartete Blitze zu erschrecken oder Beute durch Leuchtsignale anzulocken. Das Licht wird in eigenen Drüsenzellen oder mit Hilfe leuchtender Bakterien erzeugt. Bei dieser Zusammenarbeit stellt das Wirtstier den Millionen von Bakterien, die in besonderen Organen, den Photophoren, sitzen, mit seinem Blut Stärke und Sauerstoff zur Verfügung. Im Ausgleich dafür kann es die Biolumineszenz der Bakterien, die durch die Reaktion des Enzyms Luziferase mit Sauerstoff entsteht, auf die vielfältigste Weise einsetzen. So flüchten beispielsweise gewisse Tiefseetintenfische in einer leuchtenden Wolke ausgestoßener Bakterien, ähnlich wie Kopffüßer der Flachwasserzone ihren Rückzug mit Tintenschleiern vernebeln.

Gewisse Tiefseefische angeln mit dem an verlängerten Flossenstrahlen oder Hautlappen vor dem Maul baumelnden Leuchtorgan, ähnlich wie Fischer nachts mit einer Laterne am Boot die Fischschwärme anziehen. Andere Tiefseefische benutzen die Leuchtorgane, um mit verschiedenen Blinksignalen ihre Paarungsbereitschaft kundzutun. Wenn Fische solcher Arten dieser Botschaft allzu blindlings Folge leisten, kann es ihnen allerdings geschehen, daß sie im Schlund eines Freßfeinds enden, der die Signale nachzuahmen gelernt hat.

Die vielfältigen Formen von Biolumineszenz in der Tiefsee sind vielleicht ein Grund für den Umstand, daß viele Tiere in diesem Lebensraum rot oder braun, ihre Verwandten im Oberflächenbereich dagegen durchscheinend sind. Zwar weiß man, daß das Braun von Tiefseequallen oder das Rot von Tiefwasser-Pfeilwürmern (*Eukrohnia fowleri* oder *Caecosagitta macrocephala*) unter etwa fünfhundert Metern ebenfalls schwarz wirkt, Transparenz würde jedoch mindestens ebensogut vor Entdeckung schützen. Die Erklärung ist vielleicht, daß ein von einem Freßfeind angeleuchteter roter oder brauner Körper lediglich als Schatten vor der tiefen Schwärze der Umgebung aufscheint, während ein transparenter Körper die Lichtimpulse reflektieren könnte.

Einer der erstaunlichsten Aspekte des Lebens in der Tiefsee ist, daß hier gegenüber dem Oberflächenbereich alles verlangsamt abläuft: die Tiere wachsen langsamer, bewegen sich langsamer und sterben später. In Plexiglasfallen gefangengehaltene Tiefseefische, die so unter den natürlichen physikalischen Bedingungen studiert werden konnten, verbrauchten etwa zweimal weniger Sauerstoff als gleichgroße Fische im Flachwasser. Und das Alter einer gerade 8,4 Millimeter messenden Muschel, die in 3800 Meter Tiefe gefunden worden war, wurde auf ein rundes Jahrhundert geschätzt; im Flachwasser wird eine ähnliche Muschelart nur drei bis vier Jahre alt.

Tiefseewürmer spielen im Meeresgrund eine Rolle, die mit jener der Regenwürmer in unseren Gärten vergleichbar ist. Ihre Arbeit könnte sich für die Menschheit auf lange Sicht als noch viel wichtiger herausstellen: Meerwürmer und andere Bodenbewohner der Tiefsee befördern nämlich die ständig wachsenden Mengen an Giftstoffen, mit denen wir die Ozeane belasten, wenigstens zum Teil in tiefere Sedimentschichten, so daß sie dem Kreislauf der Nahrungskette entzogen werden und nicht wieder auf unseren Tisch gelangen. Außerdem geben die Tiefseeorganismen in der Zeit, in der die Menschheit fossile Brennstoffe in noch nie dagewesenem Ausmaß verbrauchen wird, ständig kohlensauren Kalk (Kalziumkarbonat) ans Wasser ab und helfen so das in der Atmosphäre vorhandene und mit dem sauren Regen in die Gewässer gelangende Kohlendioxid zu binden. Deshalb sollte man, bevor futuristische Pläne zur weiträumigen Nutzung des Meeresbodens verwirklicht werden – man denkt bereits an großtechnischen Abbau der Erze auf und im Meeresgrund –, genauestens abklären, ob sich Tiefseewürmer als ebenso resistent gegen die dauernden Störungen in ihrem Lebensraum erweisen wie die Regenwürmer.

177 Krebstiere der Ordnung Spaltfüßer (*Mysidacea*) werden englisch auch Opossumgarnelen genannt, da die Weibchen ihre Eier und Larven in einem von Platten am Grundglied der Brustbeine geformten Brustbeutel hüten. Die mit bis zu 35 Zentimeter größte Mysidenart, *Gnathophausia ingens*, lebt freischwimmend in der Tiefe tropischer Meere. Anders als etwa die Langschwanzkrebse, zu denen Flußkrebs und Hummer gehören, haben die Mysiden einen kurzen Panzer, der nicht alle Beinsegmente deckt. Trächtige *Gnathophausia*-Weibchen halten sich in einer Tiefe von tausend bis tausendfünfhundert Metern auf und führen ihre Eier und Larven während fünfhundertdreißig Tagen mit sich. Dann beginnen die Jungkrebse als winzige Abbilder ihrer Mutter ihr eigenes Leben in freiem Wasser. Manche Mysidenarten sind insofern für den Menschen wichtig, als sie die hauptsächliche Beute wertvoller Speisefische bilden. (*Langdon Quetin*)

178 Eine recht gut bekannte und weitverbreitete Art aus der Ordnung der Tiefseequallen ist die Kronenqualle *Periphylla sp.*, die von der Oberfläche bis in Tiefen von viertausendfünfhundert Metern vorkommt. Ihr rostroter Schirm mit bis zu zwanzig Zentimetern Durchmesser läuft in eine Spitze aus und ist von einer kronenartigen Ringfurche umgeben. (*Langdon Quetin*)

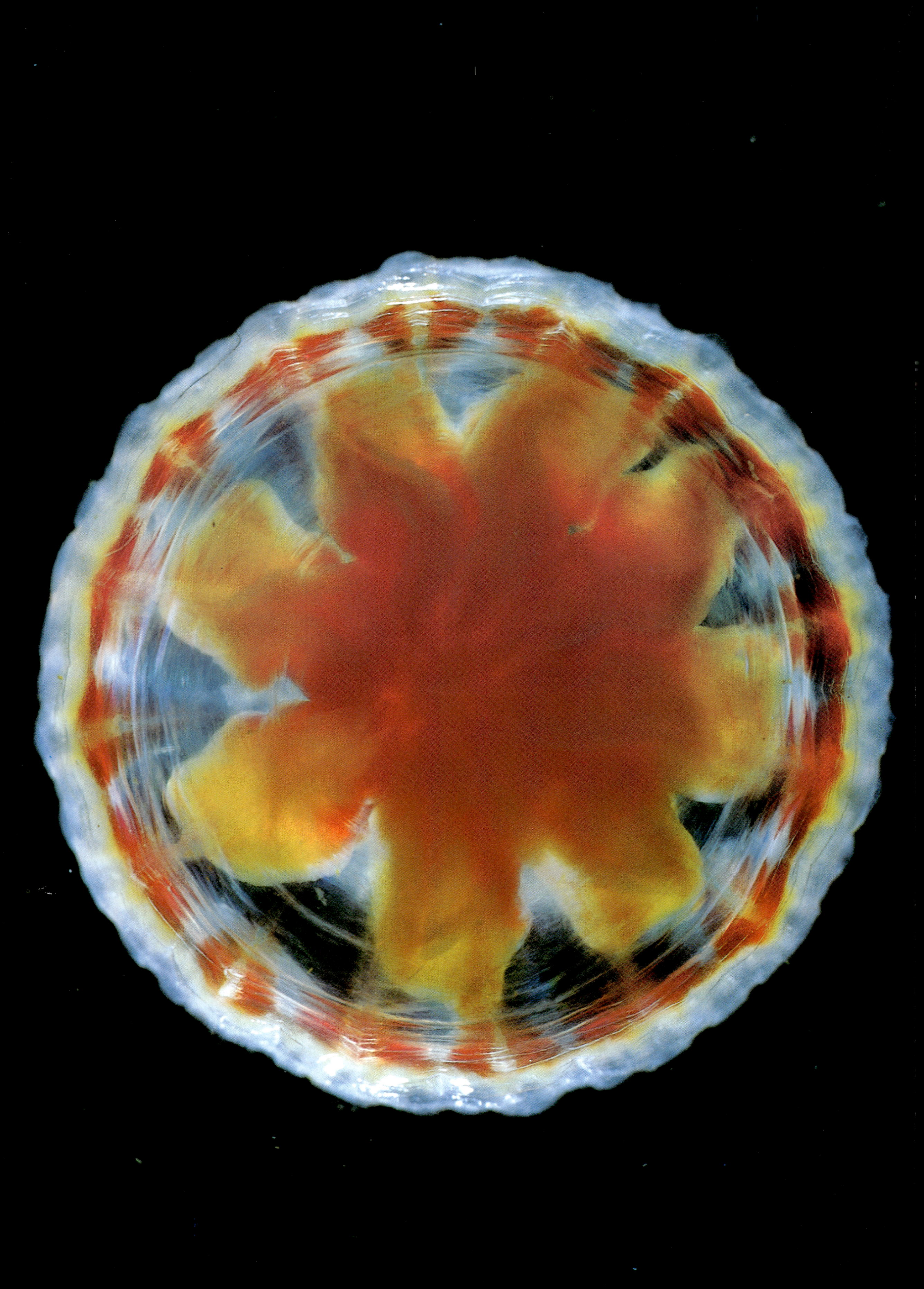

180 Diese im Mittelatlantik in über ausend Meter Tiefe gefischte Qualle mit ihrem erstaunlich farbenprächtigen Muster, die hier von der Schirmunterseite her fotografiert wurde, gilt als bisher unbekannte Spezies. In ihrem dunklen Lebenraum in der Tiefe des Ozeans wirken diese Tiere grauschwarz und sind für ihre Feinde unsichtbar. *Peter Parks/Oxford Scientific Films, Ltd.*)

81 Muschelkrebse (*Ostracoda*) sind durchwegs kleine bis winzige Krebstiere mit zwei seitlichen Schalenklappen, die ihnen Kugel- bis Eigestalt verleihen. Die meisten meerbewohnenden Arten gehören zum pelagischen Plankton, der im Oberflächenwasser der Ozeane reibt. Der „Riese" unter ihnen, der bis zu 23 Zentimeter große *Gigantocypris agassizi*, kommt im Atlantik n Tiefen um tausend Meter vor. Bei hm entwickeln sich die Eier im halbdurchscheinenden Körper und werden nicht einfach den Fluten anvertraut. Links sind die als Ruderantrieb dienenden Antennenpare zu erkennen. (*Peter Parks/Oxford Scientific Films, Ltd.*)

82 Dieser verblüffend gefärbte Segelkalmar der Art *Histioteuthis heteropsis* lebt in kalten ostpazifischen Gewässern. Tagsüber hält er sich in Tiefen von rund siebenhundert Metern auf; bei seinen nächtlichen Fangzügen wandert er in vertikaler Richtung mehrere hundert Meter weit in ergiebigere Gefilde. Viele Tiefsee-Tintenschnecken verfügen über lichtproduzierende Organe und riesige Augen, die oft noch auf drehbaren Stielen sitzen. Sie jagen dann auch auf Sicht und erkennen hre Geschlechtspartner anhand hrer leuchtenden Zeichnung. *Langdon Quetin*)

184 Wenn Meeresbiologen ihre Schleppnetze aus der Tiefe des Ozeans hochziehen, stehen die Chancen gar nicht so schlecht, ein bisher unbekanntes Tier darin vorzufinden. Diese etwa acht Zentimeter lange Garnele wurde auf der Höhe von Kalifornien in eintausendsechshundert Meter Tiefe gefangen. Ihre befiederten Beine dürften als Siebe dienen, mit denen das Tier planktonische Nahrung aus dem Wasser seiht. (*Langdon Quetin*)

188 Dieser bis zu zehn Zentimeter lange Laternenfisch der Art *Kryptophanaron alfredi* besitzt unter beiden Augen ein starkes Leuchtorgan, mit dem er Zooplankter anlocken, Freßfeinde erschrecken und mit Artgenossen Verbindung halten kann. Die Art lebt in der Tiefe der Karibik und steigt in dunklen Nächten in höhere Schichten auf. Ein erstes Exemplar war um die Jahrhundertwende in der Nähe von Jamaika tot treibend gefunden worden. Erst 1977 erbeutete dann ein puertorikanischer Fischer einen lebenden Fisch, der wissenschaftlich untersucht werden konnte. (*Charles Arneson*)

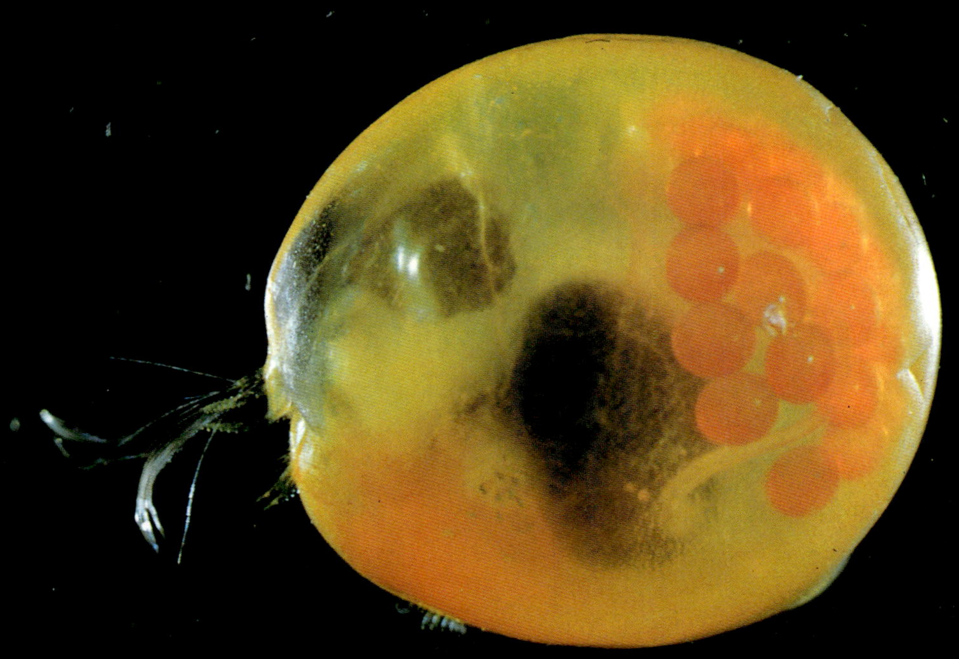

186 Der Viperfisch (*Chauliodus sloani*) wird als Jäger seinem Namen und seinem erschreckenden Aussehen gerecht. Der nur etwa fünfundzwanzig Zentimeter lange Fisch kann dank eines Gelenks zwischen Ober- und Unterkiefer beinahe gleich große Beutetiere verschlingen. Tagsüber halten sich die Viperfische in einer Tiefe zwischen vierhundert und dreitausend Metern auf, nachts steigen sie jedoch bis in den Oberflächenbereich hinauf. (*Peter Parks/Oxford Scientific Films, Ltd.*)

190 Der bis zu fünfzehn Zentimeter lange Tiefseefisch *Anaplogaster cornuta* kommt sowohl in den Tiefen des Pazifiks wie des Atlantiks vor und schwimmt mit rudernden Brustflossenbewegungen. Die Schwanzflosse benutzt er nur, wenn er auf Beute – kleine Fische, Kopffüßer und Krebstiere – losschießt oder fliehen muß. (*Langdon Quetin*)

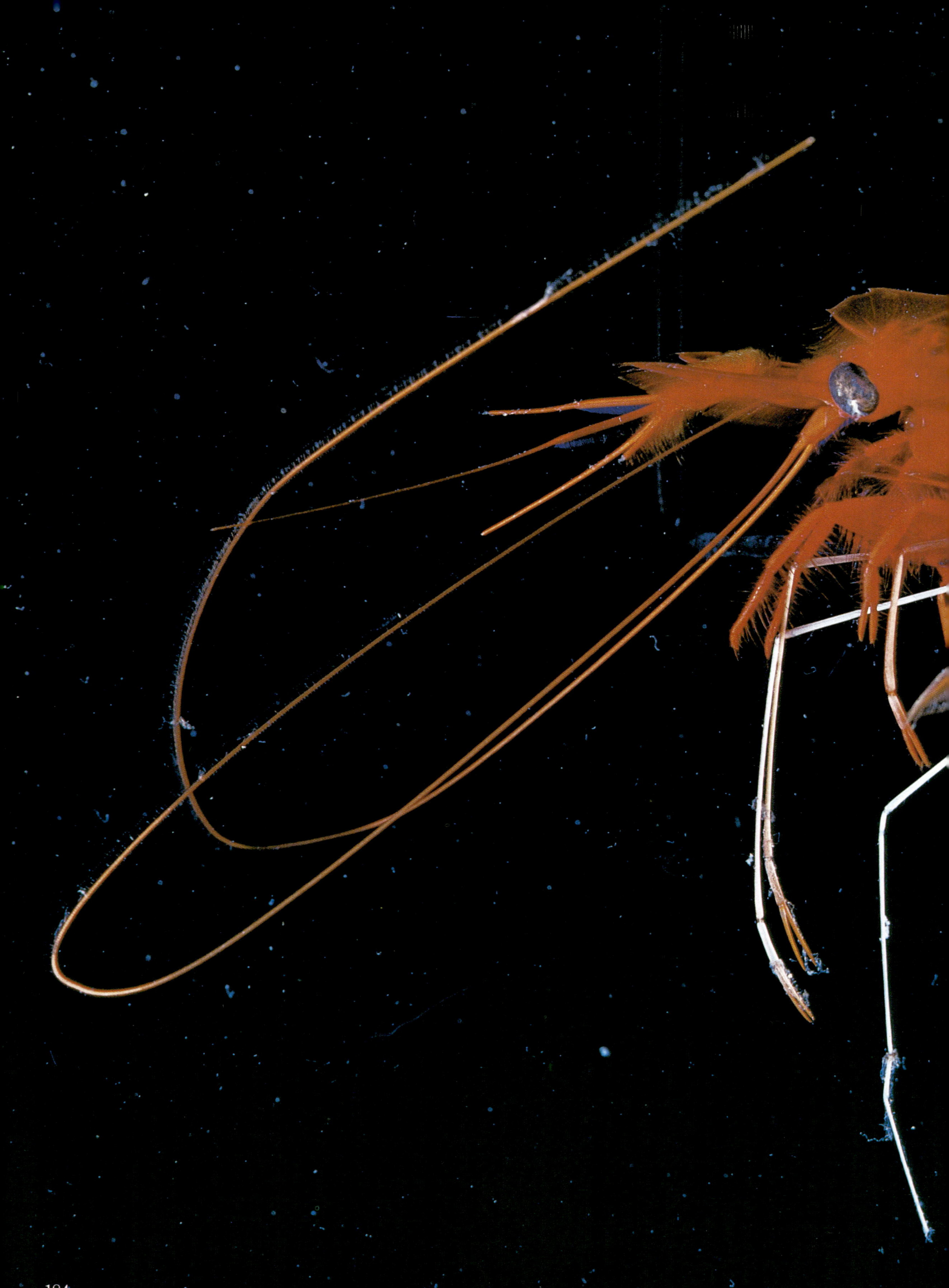

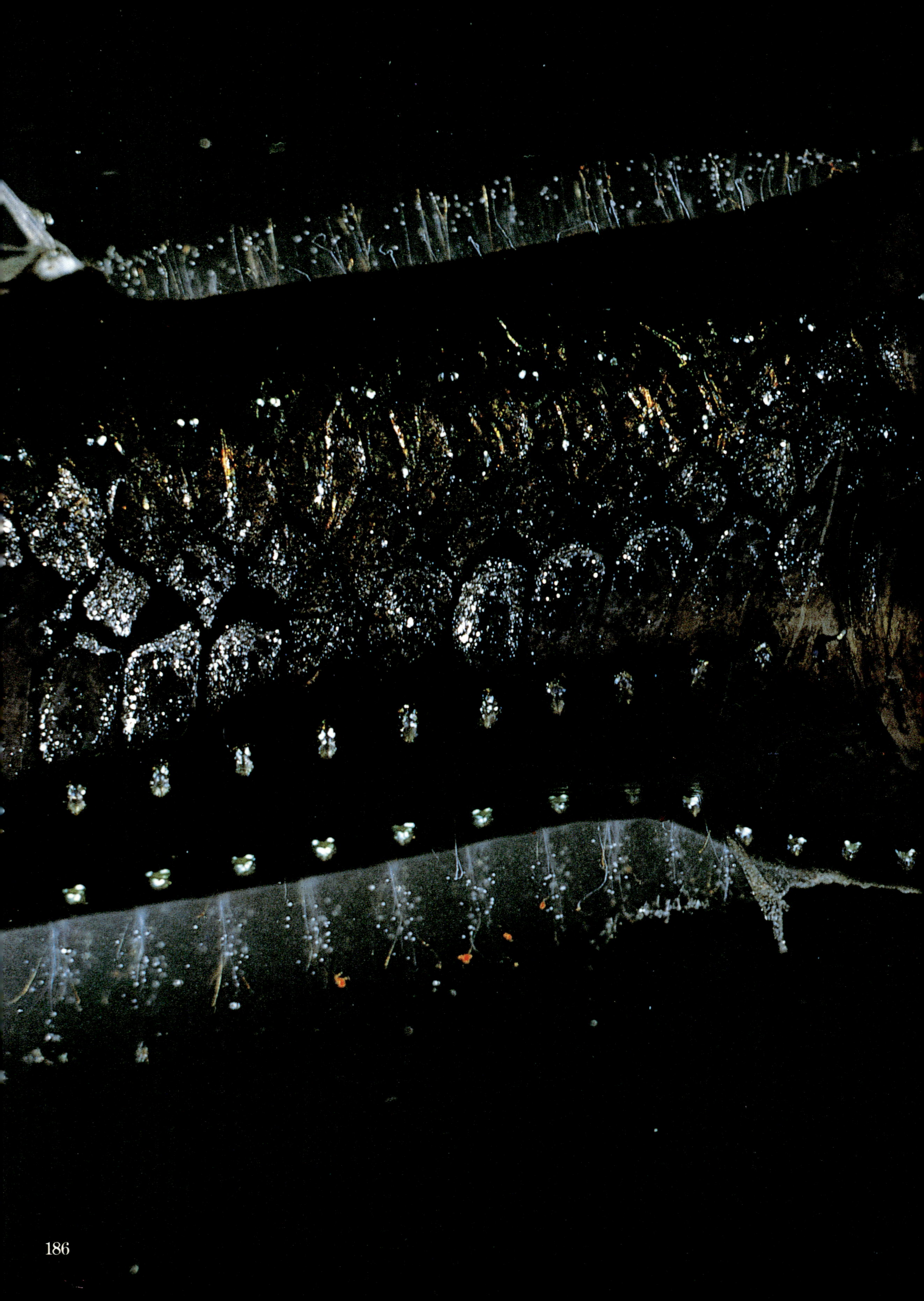

Im Reich der Lüfte und Wellen

192 Trottellummen (*Uria aalge*) sind zirkumpolar verbreitet. Auf den Britischen Inseln gehören sie zu den häufigsten Seevögeln, allein in Schottland brüten etwa zweihunderttausend Paare auf steilabfallenden Felsklippen. Das einzige Ei wird ohne jede Unterlage auf Felstreppen und -bänder, manchmal auch in Felsspalten oder unter Steinen abgelegt. Seine Birnenform und die Guanoschichten auf den Brutplätzen verhindern das Herunterrollen. Die Brutfelsen sind oft so dicht besetzt, daß landende Altvögel sich regelrecht einen Weg zu ihrem Ei oder Jungen bahnen müssen. (*Arthur Butler, Natural History Photographic Agency*)

Die Orkneyinseln, durch den nur fünfzehn Kilometer breiten Pentland Firth von der Nordostspitze Schottlands getrennt, wirken aus der Luft, als wäre ein riesiger Schubkarren mit Felsbrocken und Grasnarbenstücken umgestürzt und hätte seinen Inhalt ins Meer ergossen. Die größeren der rund siebzig Inseln sind flach, grün und fast baumlos. Die Südinsel Hoy und viele einzelne Vogelfelsen hingegen fallen bis vierhundert Meter steil ins Meer ab. Und hierher kehren Jahr für Jahr – wie sie es seit Jahrhunderttausenden getan haben – Seevögel für die Aufzucht ihrer Jungen zurück. Die meisten Arten nisten auf den steilen Klippen mit ihren ausgewaschenen Felsbändern, andere bevorzugen die grünen Wiesen über dem Steilabfall.

Als erste kommen die Atlantischen Eissturmvögel (*Fulmarus glacialis glacialis*). Bereits im November erscheinen diese schwer gebauten, zu den Möwensturmvögeln gehörenden gewandten Flugakrobaten über den Brutfelsen und suchen nach einer geeigneten Vertiefung auf einem der Felsbänder, wo das Weibchen sein einziges Ei legt. Wenn dieses einem Eiräuber zum Opfer fällt oder hinunterrollt, wird es nicht ersetzt. Wenn man diese niedrige Reproduktionsrate kennt und weiß, daß Eissturmvögel nicht vor ihrem siebenten Lebensjahr geschlechtsreif werden, ist es um so erstaunlicher, daß sich diese Unterart in den letzten Jahrzehnten sehr schnell von Island bis Südengland ausgebreitet hat.

Tordalken (*Alca torda*), Gryllteisten (*Cepphus grylle*) und Trottellummen (*Uria aalge*) nisten ebenfalls auf Felsbändern oder in kleinen Vertiefungen. Abgesehen von den Verlusten, die räuberische Seevögel wie Möwen und Raubmöwen oder Ratten verursachen, sind die Eltern selbst die größte Bedrohung für ihren Nachwuchs, wenn sie auf den winzigen Nistplätzen unabsichtlich Eier und Jungvögel über Bord werfen. Vielleicht retten sich die jungen Trottellummen aus diesem Grund bereits mit drei Wochen

– wenn sie erst ein Drittel der Größe eines Altvogels erreicht haben – mit einem verwegenen Sprung ins Wasser. Obwohl die Eltern sie noch während einiger Tage füttern, können sie ihr Futter schon bald selbst erjagen. Die drei erwähnten Arten gehören zur Familie der Alkenvögel (Alcidae), die vielleicht mit Ausnahme der Röhrennasen (Albatrosse und Verwandte) stärker als jede andere Vogelgattung ans Meer gebunden sind. Sie werben und paaren sich auf See, und von hier aus unternehmen sie auch ihre oft bis zu siebzig Meter tiefen Tauchgänge zum Beutefang.

Über den Klippen nisten kleinere Kolonien von Schwarzschnabel-Sturmtauchern (*Puffinus puffinus*), Sturmschwalben (*Hydrobates pelagicus*) und Papageitauchern (*Fratercula arctica*) in Höhlen unter der üppigen Grasnarbe. Da die Sturmtaucher bereits im Februar hier ankommen, finden die Sturmschwalben und Papageitaucher, die erst im April auf den Orkneys eintreffen, die schönsten Brutplätze bereits mit Beschlag belegt. Deshalb graben sie von den Bruthöhlen der Sturmtaucher aus oft einfach Seitengänge. Manchmal machen sie es sich jedoch viel einfacher und besetzen die Höhlen der Sturmschwalben während der zwei April-„Flitterwochen", in denen diese nach der Werbung auf See sind, um Fettreserven für die strenge Brutzeit anzufressen. Sturmschwalben und Papageitaucher haben dies bereits hinter sich, so daß sie kaum mehr von einem einmal gewählten Brutplatz zu vertreiben sind. Im Unterschied zu ihren Verwandten, den Papageitauchern, die den ganzen Tag über in ihren Höhlen ein- und ausgehen, erscheinen die Sturmtaucher und Sturmschwalben erst nach Einbruch der Dämmerung. Dann fischen sie die ganze Nacht über, selbst bei Nebel und Sturm, und kehren im Morgengrauen zurück. Wenn ein Schwarzschnabel-Sturmtaucher die richtige Zeit für die Heimkehr verpaßt hat, bleibt er den ganzen Tag draußen und überläßt es seinem Gatten, bis zum Einbruch der Dunkelheit das Ei zu brüten oder das Junge zu füttern. Die Sturmtaucher sind an Land so unbeholfen, daß sie tagsüber nicht nur riskieren würden, den Eingang ihrer Bruthöhle zu verraten, sondern auch Gefahr liefen, beispielsweise von einer der ständig über den Vogelfelsen kreisenden Mantelmöwen (*Larus marinus*) zerrissen zu werden, bevor sie die schützende Höhle erreicht hätten. Abgesehen davon aber ist der Bruttrieb der Sturmtaucher ebenso bewundernswert wie ihr Orientierungssinn und ihre Ausdauer: Als man einen brütenden Sturmtaucher im Flugzeug von Schottland nach Boston an der amerikanischen Ostküste verfrachtete, war er bereits zwölf Nächte später wieder in seiner Nesthöhle.

Die auf Felsbändern und in Höhlen brütenden Seevögel auf den Orkneys werden ständig von anderen Meervögeln bedroht, die selbst in den Inselwiesen nisten. Die großen Mantelmöwen sind so sehr auf diese Beute konzentriert, daß Fische nach Untersuchungen ihrer Ausscheidungen nur gerade 21 Prozent ihres Futters ausmachen. Sie erbeuten Sturmtaucher häufig vor Sonnenaufgang oder in mondhellen Nächten; dabei schütteln sie ihr Opfer geradezu aus seiner Haut, die wie ein umgestülpter Handschuh liegenbleibt. 1957 wurden auf Skokholm Island vor der walisischen Küste bei den Nestern von 27 Mantelmöwen nicht weniger als 2536 solcher Sturmtaucherskalpe gezählt.

Ein noch gewaltigerer Räuber ist die Skua oder Große Raubmöwe (*Stercorarius skua*), die in ihrem Brutgebiet auf der Nordhalbkugel – Inseln von Island über die Färöer bis Nordschottland – über den Klippen im Heide- und Grasland nistet. Eine zweite Population brütet in einem breiten Streifen von Chile und dem antarktischen Festland bis Neuseeland. Als ausgesprochene Zugvögel ziehen die Skuas des Südens nach der Aufzucht der Jungen nach Norden, die nördlichen Großen Raubmöwen in den Süden. Obwohl die Mantelmöwe etwa ein Drittel größer wird als die Skua, wurden schon Zweikämpfe beobachtet, die für die Raubmöwe siegreich endeten. Skuas holen sich hauptsächlich die Eier und Jungvögel anderer Arten aus den Nestern, schlagen aber auch erwachsene Papageitaucher und flügge Dreizehenmöwen und überhaupt jedes Tier, das sie überwältigen können. Daneben verschmähen sie auch Aas und pflanzliche Kost nicht.

Papageitaucher erbeutet die Skua mit zwei verschiedenen Methoden: Entweder lauert sie am Eingang der Bruthöhle auf den ausfliegenden Vogel, oder sie stößt auf einen Schwarm schwimmender Taucher herab und jagt sie in die Flucht. Dann wählt sie ein Opfer aus und verfolgt es nach Habichtsmanier, packt es aber vor allem mit dem mächtigen Schnabel, da die Füße im Vergleich zu denen von Greifvögeln schwach ausgebildet sind. Größere Beutetiere wie Enten oder Möwen drängt sie mit heftigen Stößen von Brust und Flügeln zu Boden oder aufs Wasser. Manchmal verletzt sich der Angreifer bei diesen wilden Luftkämpfen selbst, und dann kann es ihm geschehen, daß er von seinen eigenen Artgenossen in Stücke gerissen wird.

Die Bejagung oder Belästigung brütender Seevögel ist in Großbritannien seit über hundert Jahren, genau seit 1869, verboten, und diesen Schutzmaßnahmen ist es zu verdanken, daß verschiedene Möwenarten, Seeschwalben und Töpel in dieser Region heute recht zahlreich sind. Auf der anderen Seite sind vielleicht gerade schwächere Seevögel wie etwa die Alken stärker gefährdet, weil sich ihre wichtigsten Freßfeinde ungehindert vermehren konnten. So haben sich Silber- (*Larus argentatus*) und Heringsmöwe (*Larus fuscus*) seither manchenorts geradezu zu Kulturfolgern entwickelt, die sich auf die Abfälle von Fischfabriken und das Plündern offener Deponien spezialisieren. Und der Rückgang verschiedener Papageitaucherkolonien im Westatlantik hängt offensichtlich direkt mit dem starken Wachstum benachbarter Heringsmöwenbestände zusammen.

Die Alkenvögel wurden jedoch auch verschiedentlich durch Ölkatastrophen dezimiert. Anders als bei verschmutzten Strandvögeln kommt bei ihnen meist jede Hilfe zu spät, und die Zahl so verendeter Vögel läßt sich in den seltensten Fällen feststellen, da sie weitab der Küste fischen und hier in treibende Öllachen geraten. Dann versuchen sie sich durch Tauchen des Ölfilms zu entledigen und besiegeln so ihr Schicksal selbst.

Eine weitere Bedrohung der tauchenden Seevögel ist die Hochseefischerei geworden, vor allem seit die Dänen in den sechziger Jahren Hochseeschleppnetze für die Salmfischerei vor Grönland entwickelten. Zehntausende von Dickschnabellummen (*Uria lomvia*) kamen in dänischen Netzen um. Die bisher größte Katastrophe ereignete sich 1970, als über 800 000 Alkenvögel, die nach Köderfischen tauchten, in den für sie unsichtbaren Nylonnetzen verendeten.

Die dänische Salmfischerei vor Grönland wurde inzwischen auf Betreiben der Sportfischer eingestellt, da die Zahl laichreifer Lachse in den skandinavischen, britischen und nordostamerikanischen Strömen sich als direkte Folge deutlich verringerte. Doch weder Sportfischerverbände noch Vogelschutzorganisationen sind einflußreich genug, um die Verheerungen unter den Vogelbeständen zu stoppen, die von den Fischereiflotten in der Beringsee verursacht werden. Aber auch das sinkende Nahrungsangebot wegen übermäßiger Befischung der Herings-, Sardinen- und Sardellenschwärme gefährdet die Seevögel. Und selbst absinkende Bestände von Großfischen wie Marlinen und Thunfischen wirken sich aus, da diese bei der Jagd Schwärme kleinerer Fische und Kalmare in die Oberflächenbereiche treiben, wo sie von Stoßtauchern überhaupt erst erbeutet werden können.

Eine viel umfassendere Gefahr bedroht die Seevögel jedoch in Form der steigenden Belastung der Ozeane mit giftigen Chemikalien und Schwermetallen, die durch die Nahrungskette vom Plankton über Jungfische – ihre hauptsächliche Beute – in ihren Körper gelangen und zu unfruchtbaren Gelegen führen können.

197 Kormorane sind im großen und ganzen eher unscheinbar metallisch schwarz gefärbte Vögel, auch wenn einige Arten weiße Kehl- oder Brustflecken und einen leuchtenden nackten Augenring aufweisen. Die Ausnahme von dieser Regel bildet der Rotfußkormoran (*Phalacrocorax gaimardi*) von der Westküste Südamerikas. Das graublaue Gefieder kontrastiert augenfällig zu dem gelben Schnabel, den roten Wangen und rotorangen Ruderfüßen. Alle Kormorane sind hervorragende Fischer, die ihre Beute – Fische, Kopffüßer, Krebstiere und anderes – auf Stoßtauchjagden verfogen, bei denen sie über eine Minute unter Wasser bleiben können. (*Francisco Erize*)

198 Schwarzfüßige Dreizehenmöwen (*Rissa tridactyla*) vor ihrem Brutfelsen auf den schottischen Shetlandinseln. Die Dreizehenmöwe ist die einzige wirkliche Hochseemöwe. Alle anderen Arten bleiben eigentlich immer in Sichtweite des Landes, auch wenn sie an der Küste brüten. Die Dreizehenmöwen hingegen ziehen während der Brutperiode auf Nahrungssuche bis zu sechzig Kilometer ins offene Meer hinaus, wo sie auch die restliche Zeit des Jahres verbringen. (*Jean-Paul Ferrero*)

200 An ihren Brutplätzen auf abgelegenen subantarktischen Inseln bauen die Schwarzbrauenalbatrosse (*Diomedea melanophris*) kegelförmige Nester aus Lehm und Gras, auf denen die Weibchen ihr einziges Ei während zwei Monaten ausbrüten. Das Küken wird dann von beiden Eltern nochmals während fünf Monaten betreut, bis es flügge ist und sich in die weiten Himmel des Südatlantiks schwingt. Der mit zweieinhalb Metern Spannweite mittelgroße Schwarzbrauenalbatros ist die häufigste und am weitesten verbreitete Art dieser Familie aus der Ordnung der Röhrennasen, von der nur drei Arten im Nordpazifik brüten. Die hervorragenden Segler nutzen die von den Wellen nach oben geleiteten Luftströmungen und wagen sich deshalb selten in die windstillen Regionen der Äquatorialmeere vor. (*Jen und Des Bartlett/Bruce Coleman, Ltd.*)

202/203 Die Lunde gehören zu den in nordischen Meeren verbreiteten Alken, und die drei hier abgebildeten Arten unterscheiden sich vor allem durch die während der Brutzeit unterschiedliche Färbung und Form der schmalen, hohen Schnäbel. Der Schopflund (*Lunda cirrhata*), der die Pazifikküste von Kalifornien bis Sibirien besiedelt, hat außerdem zwei gelbliche, hinter dem Auge ansetzende Federanhängsel (Seite 202). Der Hornlund (*Fratercula corniculata*) verdankt seinen Namen den nach oben weisenden schwarzen „Hörnern" über den Augen (203 *unten*); er kommt von Sachalin bis zur Tschuktschen-Halbinsel und Alaska vor. Im Atlantik entspricht ihm der Papageitaucher (*Fratercula arctica*), der bis nach Portugal und jenseits des Ozeans bis nach Maine hinunter brütet (203 *oben*). Die Papageitaucher graben mit dem kräftigen Schnabel bis fünf Meter lange Höhlennester. Alle Alkenvögel sind ausgezeichnete Schwimmer und Taucher, die auf der Nord-Erdhalbkugel die Pinguine ersetzen. Sie stoßen aus der Luft bis zu zehn Meter tief hinab und „fliegen" unter Wasser mit kräftigen, kurzen Flügelschlägen. Dabei kann der gezähnte Schnabel zwei Dutzend und mehr nacheinander erbeutete Fische festhalten. (*Jeffrey Foott; Hope Alexander/Woodfin Camp & Associates, Inc.; Bill Wilson/Photo Researchers, Inc.*)

204 Um im Wasser auffliegen zu können, rennt der Große Sturmtaucher (*Puffinus gravis*) flügelschlagend an der Oberfläche, bis er genügend Geschwindigkeit erreicht hat, um abzuheben. Im Sommer erscheinen Millionen von Großen Sturmtauchern im Nordatlantik, nachdem sie ihre Jungen auf Brutfelsen um die Insel Tristan da Cunha im Südatlantik aufgezogen haben, und ziehen bis auf die Höhe der Baffinbai. (*Bill Wilson/Photo Researchers, Inc.*)

206 Der auch Kaptaube genannte Kapsturmvogel (*Daption capensis*) empfing die ersten Schiffe, die in antarktische Gewässer vordrangen, und kam so zu seinem irreführenden Namen. Der getüpfelte kleine Vogel hat jedoch nichts mit Tauben zu tun, sondern ist ein Verwandter der mächtigen Albatrosse. Er brütet an der Küste des antarktischen Festlandes und auf den umliegenden Inseln bis auf die Höhe der Falklandinseln und ernährt sich von Kopffüßern, Krebstieren und Fischen. (*Francois Gohier*)

Überleben in Eis und Schnee

208 Ein Trupp Schwertwale (*Orcinus orca*) versucht eine junge Weddelrobbe (*Leptonychotes weddelli*) von einer Eisscholle vor der antarktischen Küste herunterzutreiben. Nachdem sie die Scholle durch Umschwimmen vergeblich zu erschüttern versucht hatten, lehnten sich zwei der Wale halb aufs Eis und stießen die Robbe herunter. Sie wurde nicht mehr gesehen. Anders als die meisten anderen Zahnwale ernährt sich der Schwertwal nicht nur von Fischen, sondern jagt in erster Linie andere Meeressäuger und Pinguine. Dieser mit bis zu neun Metern Länge größte Delphin wird auch Mörderwal und Seewolf genannt. Den letzteren Namen erhielt er nicht zu Unrecht, jagt er doch manchmal in Verbänden mit mehreren Dutzend Tieren, und die Zusammenarbeit klappt dabei wie in einem Wolfsrudel. In dieser Stärke greifen Schwertwale auch große Bartenwale an, und ein dänischer Walforscher fand im Magen einer einzigen Orca die Überreste von nicht weniger als vierzehn Seehunden und dreizehn Schweinswalen. (*Soames Summerhays*)

Der arktische Sommer beginnt mit einem ohrenbetäubenden Auftakt, wenn an den ins Meer mündenden grönländischen Gletschern Tausende von Kubikmetern große Eisblöcke losbrechen und donnernd auf dem Wasser aufschlagen. In den Tagen vor dem Abstürzen der Eismassen hat sich die Temperatur dank der länger werdenden Tage erhöht, und der unermüdliche Anprall von Wasser und Treibeis hat die Eiswand immer mehr unterhöhlt, bis der überhängende Teil schließlich losbricht: Der Gletscher hat einen Eisberg gekalbt, der nun in die östliche Baffinbai hinaustreibt.

Nach wenigen Tagen beginnen sich im Packeis Kanäle mit offenem Wasser zu bilden, und der Westgrönlandstrom treibt die Schollen und Eisberge langsam in nördlicher und westlicher Richtung durch die riesige Meeresbucht. Mit dem langsamen Abschmelzen der Eisberge reißt das freigesetzte Süßwasser an seiner Unterseite planktongesättigte Salzwassermassen mit in die Höhe. Das Brackwasser an der Oberfläche läßt die See dank der im Eisberg gebundenen Sand- und Lehmabtragungen anfänglich grau erscheinen, dann wird das Meer durch die Algenblüte in diesem mineraliengesättigten, durchsonnten Bereich allmählich hellgrün. Während manche Algenarten den Winter im Wasser unter dem Packeis überdauern, sind andere als mikroskopische Sporen im Eis selbst eingeschlossen, bis sie vom Frühlingstauwetter befreit werden. Der sich rasch ausbreitende Algenteppich lockt Millionen von Flohkrebsen an, die sich bei dem reichen Nahrungsangebot ebenfalls rasch vermehren und ihrerseits von größeren Krebstieren, Tintenfischen und Fischen erbeutet werden, die aus dem Tiefwasserbereich aufsteigen.

Während das Treibeis sich mehr und mehr auflöst, kehren die ersten Sattelrobben (*Pagophilus groenlandicus*) in die Davisstraße zurück. Im Februar und März haben sie ihre Jungen auf Treibeisschollen vor der Küste von Labrador und Neufundland zur Welt gebracht. Nach zwanzig bis fünfundzwanzig Tagen – die letzten beiden Wochen werden sie von der Mutter allein auf dem Treibeis gelassen und müssen von ihren Fettreserven zehren, bis das seidige weiße Jugendkleid und der erste Pelz durch das endgültige Haarkleid ersetzt sind – folgen die Jungen ihren Eltern ins Wasser, wo sich diese wieder verpaaren. Dann ziehen die Herden im Mai wieder nach Norden, immer hinter den Schwärmen ihrer bevorzugten Beute her: Dorschen, Heringen und ganz besonders den hier reichlich vorkommenden Lodden (*Mallotus villosus*), die den kurzen Sommer nördlich des Polarkreises verbringen.

Auch die Eismeer-Ringelrobben (*Pusa hispida*) haben im März und April ihre Jungen aufgezogen. Bei dieser Seehundart kümmert sich die Mutter allerdings mehr um ihren Nachwuchs, als dies die Sattelrobben tun. Die trächtige Ringelrobbe gräbt von ihrer Schlafhöhle im Schnee aus – die mit einem Atemloch im Packeis verbunden ist – einen bis zu fünf Meter langen Gang und eine Kinderstube, in der sie ihr einziges Baby wirft und säugt. Es ist so mehrere Meter vom Eingang entfernt und relativ sicher vor hungrigen Polarfüchsen (*Alopex lagopus*) und Eisbären (*Ursus maritimus*). Da Polarfüchse in den Treibeisgebieten, in denen die Sattelrobbe ihre Jungen setzt, gänzlich fehlen und Eisbären äußerst selten so weit nach Süden gehen, konnte es sich diese Art leisten, den Nachwuchs völlig ungeschützt liegen zu lassen – bis der Mensch mit seinen unsinnigen Modewünschen kam. Bis heute lassen alljährlich bis zu hundertachtzigtausend Sattelrobbenbabys wegen ihres begehrten weißen Jugendpelzes in blutigen Schlächtereien ihr Leben.

Ringelrobben säugen ihren Nachwuchs vier bis acht Wochen, viel länger als die meisten anderen Seehundarten. Wenn das Junge selbständig wird, hat die Mutter gerade noch Zeit, wieder etwas Kraftreserven anzufressen, bevor sie sich mit den anderen erwachsenen Tieren auf treibende Schollen zurückzieht, um in einer einwöchigen Fastenzeit ihr Haarkleid zu wechseln. Während dieser Zeit halten die nach Norden wandernden Sattelrobben den Lebensraum der Ringelrobben an den Küsten der Baffinbai besetzt und ziehen erst weiter, wenn diese in ihrem neuen Pelz wieder „voll erwerbsfähig" sind.

Das aufeinander abgestimmte Verhalten der verschiedenen Robbenarten ist eine der erstaunlich wenigen Erscheinungen, die die arktische und die antarktische Welt miteinander gemein haben. Obschon man sich im allgemeinen beide Polkappen einfach als riesige, eisige Einöden vorstellt, schaffen die unterschiedlichen physikalischen Bedingungen Raum für ebenso viele gegensätzliche wie einander entsprechende

Lebensformen. Der entscheidende Unterschied: die Arktis ist ein von Land umgebenes Meer, die Antarktis ein Kontinent in der größten zusammenhängenden Wasserfläche der Erde. Sogar ihre Eisberge entstehen anders, und Experten können nach dem ersten Blick auf die Fotografie eines schwimmenden Eisbergs sagen, auf welcher Erdhalbkugel die Aufnahme entstanden ist.

In der Arktis bilden die grönländischen Gletscher die einzige größere Quelle für Eisberge, und wenn der eingangs beschriebene Eisriese vielleicht auch – mit der Strömung an der Ostküste von Baffin Island nach Süden treibend – bis auf die Höhe der nordatlantischen Schiffahrtsrouten gelangt, so steht doch fest, daß weniger als 25 Prozent der gletschergeborenen Eismassen südlich des Polarkreises verlorengehen. Da die Eisberge in den vielen Buchten und Meeresstraßen nördlich des Polarkreises zum größten Teil mehrere Sommer überdauert haben, sind sie zerfurcht, mit bizarren Ausschmelzungen und Auswaschungen und häufig geradezu schmutzig.

Im Gegensatz dazu driften über 80 Prozent der antarktischen Packeismassen weit über den Polarkreis hinaus nach Norden, wo sie die Südregionen von Atlantik und Indopazifik abkühlen. Da also die meisten antarktischen Eismassen höchstens einjährig sind, wirken sie glatt, flach und sauber, nicht zuletzt auch deshalb, weil die antarktischen Festlandgletscher eher breit und flach ins Meer hinauswachsen. Das Ross-Schelfeis, einer dieser Gletscher, bedeckt übrigens mehr als die Fläche Frankreichs. Die Antarktis produziert mehr als sechsmal so viele Eisberge wie die Arktis, und sie können mehrere tausend Quadratkilometer umfassen. Die gewaltigen Platten ragen jedoch selten mehr als fünfzig Meter über den Meeresspiegel hinaus, während arktische Eisberge gut die dreifache Höhe erreichen können.

Diese Unterschiede in Entstehung und „Leben" der Polareismassen beeinflussen auch den Lebenszyklus und das Verhalten der jeweiligen Fauna ganz entscheidend. So lebt beispielsweise die bis zu drei Meter lange Weddellrobbe (*Leptonychotes weddelli*) den ganzen Winter über unter dem südlichen Packeis. Die Robbe hält vom Herbst an Atemlöcher im anfänglich dünnen Eis in Ufernähe frei und orientiert sich vermutlich in der dunklen See unter dem kompakten Packeis wie die verwandte Rossrobbe (*Ommatophoca rossi*) mit Ultraschall. Auf diese Weise hält sie wahrscheinlich auch den Kontakt mit den Artgenossen aufrecht. Wenn junge Weddellrobben entwöhnt sind, ernähren sie sich fast ausschließlich von Krillkrebsen (*Euphausia superba*), während die erwachsenen Tiere geschickte Fischjäger sind. Diese spezialisierte Lebensweise ist vor allem dank des wenig Veränderungen unterworfenen und relativ dünnen antarktischen Packeisgürtels möglich. Die Ringelrobben hingegen, die in der Arktis mit rund einer halben Million Tieren etwa denselben Bestand wie die antarktischen Weddellrobben erreichen, müssen ihre Winterquartiere sorgfältig aussuchen – und ohne eine gute Portion Glück reicht auch das nicht fürs Überleben. Das arktische Packeis steht wegen der begrenzenden Landmassen unter beständigem Druck, es kommt zu Bruchzonen, Faltungen und Überlagerungen, und häufig kann sich eine offene Wasserstelle durch Verschiebungen plötzlich schließen. Für getauchte Ringelrobben, die das dicke Packeis nicht zu durchstoßen vermögen, kann das zur tödlichen Falle werden. Und die Tiere, die auf dem Eis ruhend davon überrascht werden, daß eine offene Wasserstraße über Nacht gefriert und so ihr einziger Fluchtweg versperrt ist, sind eine leichte Beute für Eisbären oder Eskimojäger, zwei Gefahren, die in der Antarktis unbekannt sind.

Das Fehlen von landgebundenen Feinden hat das Bild der antarktischen Tierwelt entscheidend mitbestimmt. Das beste Beispiel sind die Pinguine. Gäbe es so etwas wie einen Südpolarfuchs, wäre es mehr als zweifelhaft, daß sich diese flugunfähige, Nestkolonien bildende Vogelfamilie mit sechs Gattungen und ungefähr achtzehn Arten hätte entfalten können. Während manche Pinguinarten auf weitentfernten Inseln nördlich des Polarkreises nisten, ist der Kaiserpinguin (*Aptenodytes forsteri*) der einzige Vogel, der für seinen Lebenszyklus nie Festland betritt, da er sein einziges Ei auf dem antarktischen Schelfeis erbrütet. Und er ist auch der einzige Vogel, der dies ausgerechnet im Winter tut. In den Schneestürmen der Südpolarnacht im Juni und Juli steht das Kaiserpinguinmännchen auf dem Eis und hält das Ei seiner Gefährtin auf seinen Füßen warm, bedeckt von einer Unterleibsbauchfalte. Nach seiner dreimonatigen Fastenzeit kehrt das Weibchen mit Futter für das nun schlüpfende Junge zurück, und das von über vierzig Kilo im Mai auf weniger als die Hälfte abgemagerte Männchen macht sich auf den Weg ins Meer, wo ein reichgedeckter Tisch wartet.

Das Meer ist die einzige und üppige Nahrungsquelle für Pinguine, es birgt aber auch die größten Gefahren. Selbst wenn Skuas (*Stercorarius skua*) und Südliche Riesensturmvögel *(Macronectes giganteus*) gelegentlich Eier oder vorwitzige Jungvögel aus den Kolonien holen und Haie oder Schwertwale (*Orcinus orca*) alljährlich einen Teil der erwachsenen Tiere auf ihren Wanderzügen durch die Meere erbeuten – dank Geschwindigkeiten bis zu vierzig Stundenkilometern sind die Pinguine genügend gut gerüstet, diesen Feinden zu entkommen. Einer allerdings holt sich seinen sicheren Anteil aus den Pinguinbeständen: der auf diese Beute geradezu spezialisierte, bis zu vier Meter lange Seeleopard (*Hydrurga leptonyx*). Da er weiß, daß Pinguine auf regelmäßige Fischzüge angewiesen sind, kreuzt er wachsam in den Gewässern vor Pinguinkolonien.

Besonders die Brutkolonien der Adeliepinguine (*Pygoscelis adeliae*) sind für Seeleoparden magische Anziehungspunkte. Diese mittelgroßen, rund fünf Kilo schweren Pinguine brüten auf Kap Royds auf der Rossinsel so weit südlich wie der Kaiserpinguin, aber auch auf Inseln in der Nähe des Polarkreises. Der Adeliepinguin ist *der* Pinguin schlechthin, komplett mit Frack und Monokel, wie er in Kinderbüchern und Witzen erscheint. Da er wie alle Pinguine an Land extrem kurzsichtig ist – die Augen sind auf die Unterwasserjagd eingerichtet –, sucht er am Eisabbruch die Wasseroberfläche angestrengt nach verdächtigen Bewegungen ab. Doch wer sich nicht ins Wasser wagt, riskiert, von seinen nachdrängenden Gefährten hinuntergestoßen zu werden, die ebenfalls hinaus müssen, um Futter für ihren hungrigen Nachwuchs zu besorgen. Und gerade dieses Gedränge gibt dem Seeleoparden die Chance, unter dem Eis hervorschießend einen der ungeduldigen Tauchfischer zu packen und regelrecht aus seinem Balg zu schütteln.

Manchmal kommt es zu einer kurzen Verfolgungsjagd unter dem Eis, gefolgt von einem verzweifelten Versuch, in die Tiefe zu entkommen. Doch Beute wie Jäger scheinen zu wissen, daß der Verfolger länger unter Wasser bleiben kann, und die meisten Vögel versuchen sich auf das Eis zu retten. Zwar konnte bei einem Kaiserpinguin eine Tauchtiefe von 265 Metern gemessen werden – das bedeutet den Weltrekord für Vögel – doch blieb er keine zwanzig Minuten unter Wasser. Sowohl Kaiser- wie Königspinguine (*Aptenodytes patagonicus*), die beiden größten Arten, tauchen selten länger als fünf bis sechs Minuten, und ihre größeren Lungen bringen ihnen keinen wesentlichen Vorteil gegenüber den kleinen Adeliepinguinen, da auch sie vor dem Untertauchen ausatmen, um den Auftrieb zu verringern.

Das äußerst gefäßreiche Blutkreislaufsystem des Seeleoparden hingegen ermöglicht diesem einzigen ausgesprochenen Raubtier unter den Robben, Sauerstoff zu speichern und den Verbrauch unter Wasser zu reduzieren, so daß er ohne weiteres über eine halbe Stunde untergetaucht bleiben kann. So erwischt er jeden Pinguin, dem es nicht gelingt, den ersten Angriff des Seeleoparden zu parieren und unter Wasser auf ausreichend Tempo zu kommen, um wie eine U-Boot-Rakete auf den oft übermannshohen Eisrand zu schießen. Geradezu witzig mutet in dieser Jäger-Gejagter-Beziehung an, daß der watschelnde Pinguin auf dem Eis viel beweglicher ist als die Robbe: Manch

ein kurzsichtiger Adeliepinguin stolperte schon über einen schlafenden Seeleoparden und überlebte die Begegnung.
In der Arktis gibt es weder Pinguine noch Seeleoparden. Dessen Rolle übernimmt in einem gewissen Grad das Walroß (*Odobenus rosmarus*), das zwar hauptsächlich von Weichtieren lebt, die es mit seinen Hauern aus dem Meeresboden herauslöst, aber gelegentlich auch andere Robben erbeutet. Dabei erdrückt das Walroß sein Opfer zwischen den Vorderfüßen und hackt es mit den Hauern auf. Walrosse sind übrigens so wehrhaft, daß sich Eisbären nur selten an eine Kolonie heranwagen, und es sind verschiedene Fälle bekannt, in denen Eisbären im Wasser von Walrossen angegriffen und getötet wurden.
Der vielleicht größte Gegensatz zwischen den Nahrungsketten der Nordpol- und Südpolgebiete ist, daß der Mensch schon seit Jahrtausenden in den arktischen Regionen siedelt, während die antarktischen Gewässer erst seit wenigen Jahrzehnten in größerem Ausmaß genutzt werden. Eskimos haben die im Sommer an der grönländischen Küste lebenden Walrosse seit Jahrtausenden gejagt, ebenso wie andere arktische Naturvölker rund um das Eismeer, und mit den traditionellen Jagdwaffen vermochten sie die Bestände auch kaum ernsthaft zu gefährden. Erst mit dem Aufkommen moderner Schußwaffen und dem Eingreifen weißer Walfänger, Robbenjäger, Fischer und Händler kam es so weit, daß mehrere arktische Wildarten verschwanden oder heute am Rand des Aussterbens stehen. Heute werden der kanadischen/westgrönländischen Population noch ca. 20.000 Exemplare angerechnet. Die pazifische Population beträgt noch ca. 140.000 Tiere. Sie stehen heute unter Naturschutz.
Wegen hemmungsloser Bejagung für die Verproviantierung der Seeleute wurde die bis zu acht Meter lange Stellersche Seekuh (*Hydrodamalis gigas*) bereits 1768, innerhalb weniger Jahre nach der Entdeckung, ausgerottet. Und im 19. Jahrhundert fiel die einzige nördliche Entsprechung zu den Pinguinen, der flugunfähige, bis zu achtzig Zentimeter lange Riesenalk (*Pinguinus impennis*), den maßlosen Verfolgungen zum Opfer. Nachdem 1830 ein unterseeischer Vulkanausbruch seine letzten Nistplätze auf der Geirfuglaskerinsel bei Island zerstört hatte, wurden die beiden letzten Riesenalken 1844 auf der Insel Eldey vor der isländischen Südwestküste für je hundert Kronen gefangen und umgebracht.
Wohl am wenigsten Verantwortungsbewußtsein hat der Mensch in diesem Jahrhundert bei der Nutzung der Walbestände in den Polargebieten – wie übrigens auch in den anderen Meeren gezeigt. Ob der Jäger nun ein sibirischer Eingeborener ist, der

auf jeden erbeuteten Grönlandwal (*Balaena mysticetus*) mehrere Tiere verwundet und verliert, ein Eskimo, der mit dem Gewehr Narwale (*Monodon monoceros*) schießt, um den Stoßzahn auf dem Elfenbeinschwarzmarkt zu verhökern, oder ein Walfänger auf einer schwimmenden Fabrik, der absichtlich einen der geschützten Blauwale (*Balaenoptera musculus*) erlegt, weil er weiß, daß ihm nichts mehr nachgewiesen werden kann, sobald der Riese verarbeitet ist – der Mensch fährt fort, diese immer knapper werdenden Ressourcen, die ja nicht nur „Rohstoffe", sondern einzigartige, unersetzliche Geschöpfe sind, langsam, aber sicher zu vernichten. Und wir wissen nicht einmal, ob die sozialen Beziehungen und Verhaltensweisen der vom Aussterben bedrohten Wale nicht bereits so sehr gestört sind, daß sie auch verschwinden werden, wenn ab sofort kein einziger Wal mehr geschossen würde.
Zu den vielfältigen hochtechnologischen Ortungsgeräten und Fangmethoden der Hochseefischerei kommt eine weitere Bedrohung für alle in den antarktischen Gewässern und den anderen Meeren der südlichen Hemisphäre lebenden Geschöpfe hinzu: die intensive Nutzung der Krillkrebse. Schon vor Jahren fingen japanische, polnische, russische, südkoreanische und taiwanesische Trawler rund hunderttausend Tonnen dieser knapp acht Zentimeter langen Krebse. So klein die Krebse sind, man schätzt, daß die gesamte Tierwelt der Wale, Robben, Vögel, Fische und Tintenfische ca. 400 Millionen Tonnen Krill jährlich als Nahrung benötigt. Die weltweite Fangquote beträgt zur Zeit ca.100.000 Tonnen (1981/82 betrug das Fangergebnis noch 528.000 Tonnen). Hauptsächlich wird der Krill zu Fischmehl und Tierfutter verarbeitet – der Hauptfänger ist die UDSSR. Die Japaner verwerten ihn auch als Nahrungsmittel in Form von Krebspaste. Die Idee, diese wichtige Proteinquelle für die hungernde Weltbevölkerung zu nutzen, mußte aufgegeben werden, denn die Krillbestände unterliegen nicht nur geheimnisvollen Schwankungen, sondern verschwinden zum Teil gänzlich aus ihren Fanggebieten. Die BRD hat sich niemals an dem kommerziellen Fang von Krill beteiligt, lediglich einige Forschungsreisen sind zu diesem Zweck unternommen worden. (Alle Zahlen stammen von der Bundesforschungsanstalt für Fischerei in Hamburg.)

Die Weltmeere mit ihrer natürlichen Vielfalt sind einer der letzten halbwegs intakten Lebensräume auf dieser Erde und eine der letzten Herausforderungen für den Menschen. Diese Herausforderung, die Eroberung von Neuland, ist leider immer wieder in der Menschheitsgeschichte mit der Verschiebung der Grenze zwischen schwindender Natur und sich ausdehnender zerstörter Umwelt gleichzusetzen. Noch immer sehen sich zu viele Menschen als zentral Handelnde im Gefüge des Universums, die die Verse von Mose I, 20-22 – hier auf Seite 232 wiedergegeben – über jenem anderen Bibelwort vergessen, das ihnen befiehlt, sich die Erde untertan zu machen. Für sie bedeutet das Verschieben dieser Grenze nur Geld oder Ruhm. Vielleicht aber zeigt der Lebensraum Ozean uns auch die Grenzen menschlichen Wissens und Könnens auf. Und diese Erkenntnisse, die irgendwie mit der Suche nach unseren höchsten Werten zu tun haben, sollten uns als Richtlinien für die zukünftige Nutzung dieses Neulands dienen.

217 In einem wüsten Gewirr rostroter Leiber sonnen sich Pazifische Walrosse (*Odobenus rosmarus divergens*) auf der alaskischen Round Island. Die zu mächtigen Hauern ausgebildeten oberen Eckzähne können bei beiden Geschlechtern bis zu fünfundsiebzig Zentimeter lang werden, diejenigen der Kühe sind jedoch an der Basis etwa ein Drittel schlanker. Im Sommer ziehen die Walrosse bis an den Rand des arktischen Packeises hinauf, im Winter reisen sie auf Eisschollen wieder südwärts auf die Höhe von Alaska. Sie ernähren sich hauptsächlich von Muscheln; dazu lassen sie sich wie mächtige Steinblöcke auf den Grund des Eismeers sinken. Ob ihre Hauer für das Losbrechen der Muscheln eingesetzt werden, ist umstritten. Für den gewaltigen Leibesumfang – ein Walroßbulle kann bis zu tausendfünfhundert Kilo schwer werden – haben sie einen sehr kleinen Magen, der nur etwa vier Liter faßt. An Land bewegen sich Walrosse auf allen vier Flossen, die nackte, warzige „Sohlen" haben. (*Stephen J. Krasemann*)

218 Im arktischen Frühling hat sich eine Schule Weißwale (*Delphinapterus leucas*) in einem Fjord Nordwestkanadas versammelt. Der Beluga, ein naher Verwandter des Narwals mit seinem gedrehten „Einhorn"-Stoßzahn, wandert in Verbänden von oft mehreren hundert Tieren. Im Vergleich zu den Bartenwalen ist die Größe dieser Zahnwale bescheiden, erreichen sie doch nur ausnahmsweise fünfeinhalb Meter und ein Gewicht von über tausend Kilogramm. Und anders als beispielsweise die Pottwale können sie nur etwa fünfzehn Minuten unter Wasser bleiben. Wenn sie unter eine zusammenhängende Eisdecke geraten, müssen sie mit dem gut gepolsterten Kopf ein Atemloch durchbrechen, sonst ersticken sie. Weißwale jagen am Grund Plattfische, Kopffüßer und Krebstiere. (*George Calef*)

220-222 Der Eisbär (*Ursus maritimus*) gilt nicht zu Unrecht als Bewohner der arktischen Gewässer. Tatsächlich führt dieser bis zu zweieinhalb Meter lang werdende Großbär ein einzelgängerisches Leben auf Treibeis, das ihn oft Hunderte von Kilometern vom Festland wegträgt, durchschwimmt eiskalte Wasserstraßen und überrascht auf dem Packeis ruhende Robben, indem er aus der Tiefe emporschießt. Trotzdem ist er natürlich immer noch ans Land gebunden. Im Sommer jagen Eisbären Rentiere, Moschusochsen und Schneehasen, stellen Lemmingen und Fischen nach, plündern die Brutkolonien der Seevögel oder ernähren sich von Blau- und Krähenbeeren. Und sie wandern auch tief ins Landesinnere in die arktische Berg- und Gletscherwelt. Daß die Eisbärinnen ihren Nachwuchs mitten im arktischen Winter in Erdhöhlen gebären, ist seit langem bekannt. Nun hat man auch herausgefunden, daß manche Eisbären Schneehöhlen graben, in die sie sich an besonders heißen Sommertagen zurückziehen. So fand man auf Baffinland mehrere Eisbärhöhlen in einem Schneefeld, das sich in einer rund fünfhundert Meter tiefen Schlucht gehalten hatte. (220/221 *Dan Guravich/Photo Researchers, Inc.*; 222 *George Calef*)

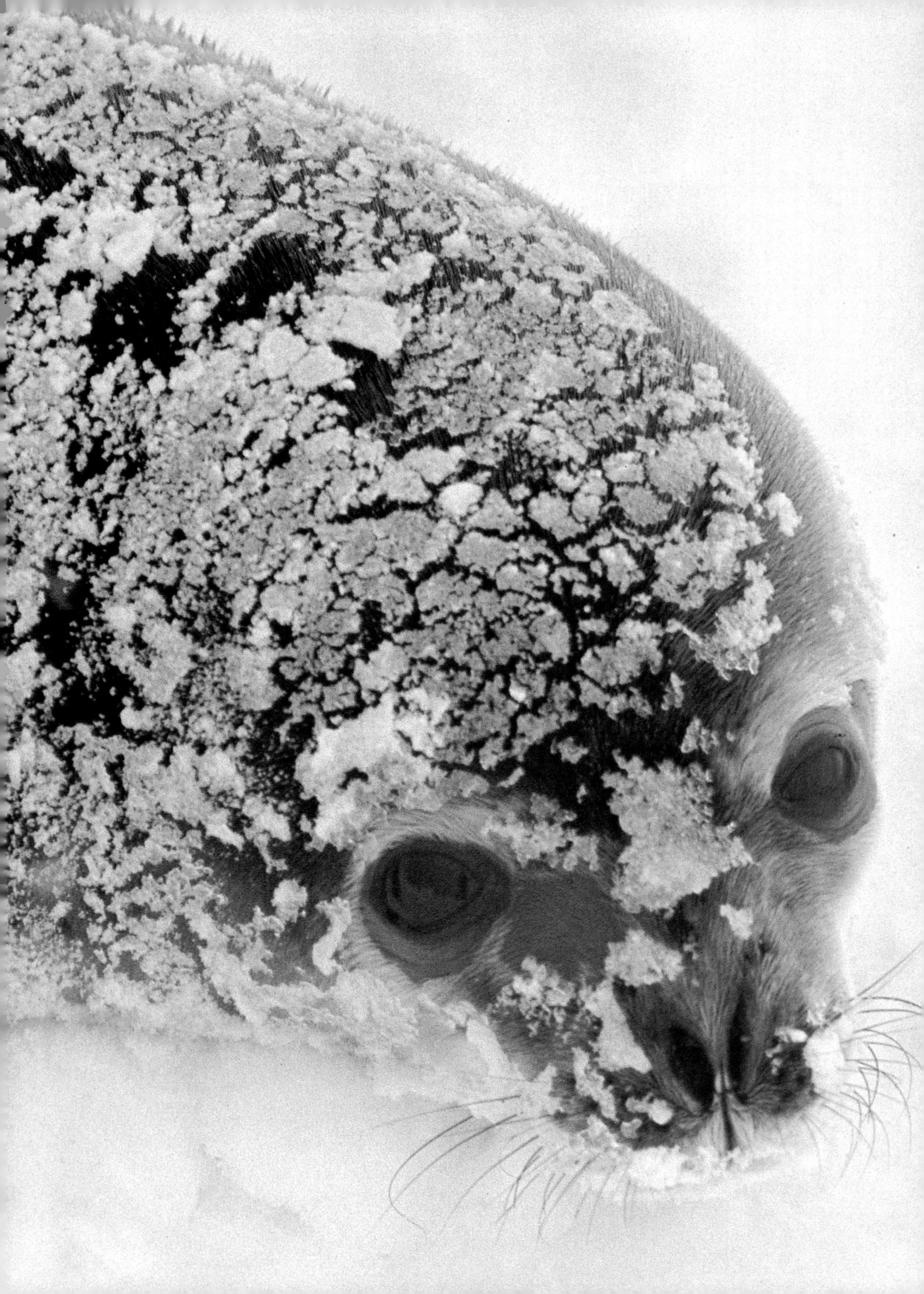

224 Die Weddellrobbe (*Leptonychotes weddelli*) lebt vor allem unter dem festen Eis vor der antarktischen Küste, besonders im Südwinter, wenn das Wasser wärmer ist als die Luft. Eine Weddellrobbe kann länger als eine Stunde untergetaucht bleiben, ohne an einem ihrer Wasserlöcher Luft schöpfen zu müssen. Auf der Jagd nach Fischschwärmen taucht das Tier in große Tiefen hinab und orientiert sich dann wie die Fledermäuse nach dem Echolotprinzip, eine Fähigkeit, die sie mit den anderen Südrobben teilt. Männliche Weddellrobben können eine Länge von drei Metern und ein Gewicht von vierhundertfünfzig Kilo erreichen. (*Edwin James Mickleburgh/ Ardea London*)

225 Dieses im Vorfrühling auf einer Eisscholle im Golf des Sankt-Lorenz-Stroms geworfene Sattelrobbenbaby (*Pagophilus groenlandicus*) wiegt rund zehn Kilo und ist mit einem völlig weißen, daunenweichen wolligen Pelz bedeckt. Dank der 42 Prozent Fett enthaltenden Muttermilch verdreifacht es sein Gewicht innerhalb von zwei Wochen und wächst etwa um das Doppelte. Dann wird es von seiner Mutter verlassen und muß fasten, bis es seinen Babypelz gegen das Erwachsenenkleid getauscht hat und nun selbst im Wasser auf Beutefang gehen kann. Wenn die Jungen soweit sind, zieht die Sattelrobbenherde wieder nordwärts und verbringt den Sommer und Herbst in den arktischen Gewässern zwischen Kanada und Grönland (*Fred Bruemmer*)

226 Die Rossrobbe (*Ommatophoca rossi*) ist die seltenste der vier Südrobbenarten, die die Antarktis bevölkern. Da sie einzelgängerisch am äußersten Packeisrand lebt, der weniger zugänglich als die Treibeiszonen ist, weiß man über Lebens- und Verhaltensweise dieser Robbenart noch verhältnismäßig wenig, ja, man hat noch nie junge Rossrobben beobachten können. Die Stromlinienform weist das Tier als guten Schwimmer aus, was ihm bei der Flucht vor Schwertwalen und Seeleoparden sicher zugute kommt. (*Carlton Ray/Photo Researchers, Inc.*)

228-230 Eine Kolonie von Adeliepinguinen (*Pygoscelis adeliae*) hat sich am Packeisrand versammelt und scheint sich nicht in die Fluten zu wagen, in denen der Seeleopard (*Hydrurga leptonyx*) auf seine bevorzugte Beute lauern könnte. Doch wenn die ersten Vögel von den nachdrängenden Tieren hinausgestoßen werden, stürzt sich die ganze Schar in großer Eile ins Wasser, um die Sicherheit in der Masse zu nutzen. Die Furcht der Pinguine ist verständlich, fordern doch die Seeleoparden einen hohen Blutzoll unter den Frackträgern, die sie in einem Stück verschlucken, nachdem sie sie regelrecht aus ihrer Haut geschüttelt haben. Bis zu fünf Prozent der Erwachsenen und eine unbekannte Anzahl Jungvögel fallen während der Brutperiode den getüpfelten Robben zum Opfer. Bei der Rückkehr vom täglichen Fischzug schießen die bis zu siebzig Zentimeter langen Adeliepinguine wie Raketen aus dem Wasser auf die oft anderthalb und mehr Meter hohe Eiskappe. Millionen von Adeliepinguinen brüten in Kolonien auf dem antarktischen Kontinent; doch um zu den Brutplätzen zu gelangen, müssen sie manchmal bis zu hundert Kilometer über das Packeis wandern, eine Reise, die oft zwei Wochen dauert. (228/229 *Francisco Erize*; 230 *Robert Hernandez/Photo Researchers, Inc.*)

Und Gott sprach: Es wimmle das Wasser von lebenden Wesen, und Vögel sollen fliegen über der Erde an der Feste des Himmels! Und es geschah also. Gott schuf die großen Seetiere und alles, was da lebt und webt, wovon das Wasser wimmelt, und alle geflügelten Tiere, ein jegliches nach seiner Art. Und Gott sah, daß es gut war. Und Gott segnete sie und sprach: Seid fruchtbar und mehret euch und füllet die Wasser des Meeres, und die Vögel sollen sich mehren auf der Erde! 1. MOSE 20-22

Anmerkungen zu den Fotografen

Hope Alexander (203) ist freiberuflicher Naturfotograf. Seine Aufnahmen erschienen in zahlreichen naturwissenschaftlichen Zeitschriften.

Charles Arneson (10-11, 115, 132, 142, 188-189) studiert an der University of Puerto Rico die Fortpflanzung von Seeanemonen und ist in seiner Freizeit ein passionierter Unterwasserfotograf.

David Ballantine (100-101, 148-149), Meeresbotaniker an der University of Puerto Rico, ist ein Spezialist für die Taxonomie und Ökologie tropischer Meeresalgen.

Jen und Des Bartlett (200-201) sind ein bekanntes amerikanisches Tierfotografenpaar. Für ihre Fernsehserie *World of Survival* erhielten sie den Emmy Award.

Moira und Rod Borland (37) sind freiberufliche Naturfotografen, die hauptsächlich in Südafrika arbeiten.

Anita Brosius (98), Biologin und freiberufliche Fotografin, hat für das *National Geographic Magazine* eine Serie von Aufnahmen planktonischer Einzeller realisiert.

Fred Bruemmer (225) ist freiberuflicher Spezialist für arktische Themen, der unzählige Artikel und mehrere Bücher zu diesem Thema verfaßte, darunter *The Life of the Harp Seal.*

Jane Burton (27, 144) ist eine bekannte britische Kunst- und Naturfotografin. Sie hat in Afrika, Malaysia, in der Karibik und in Europa gearbeitet und Filme für die BBC produziert.

Arthur Butler (192) ist assoziiertes Mitglied der Royal Photographic Society; seine Tieraufnahmen erschienen in verschiedenen naturwissenschaftlichen Publikationen.

George Calef (218-219, 222-223), Biologe und Fotograf, arbeitet für den Canadian Wildlife Service. Er ist Autor verschiedener wissenschaftlicher und populärwissenschaftlicher Artikel; seine Aufnahmen erschienen in zahlreichen naturkundlichen Publikationen.

James H. Carmichael, Jr. (138-139) unterrichtet Naturfotografie in Sarasota, Florida. Seine Aufnahmen wurden unter anderem im *National Geographic Magazine* und in *National Wildlife* veröffentlicht.

Ed Cooper (22-23, 24-25, 26) lebt an der amerikanischen Nordwestküste, wo er seit 1968 als Berufsfotograf tätig ist. Seine Bilder erscheinen in zahlreichen Zeitschriften, unter anderem im *National Geographic Magazine.*

George und Lois Cox (43) sind ein Berufsfotografenteam mit Arbeiten in Publikationen wie *National Wildlife, Ranger Rick's Nature Magazine* und verschiedenen Büchern.

Steve Crouch (21) arbeitet seit über dreißig Jahren als Berufsfotograf, vor allem im amerikanischen Westen, und ist Autor mehrerer Bildbände.

John C. Dietz (112-113) studierte Meeresbiologie und unterrichtet heute Unterwasserfotografie an der Außenstation der Long Island University auf den Virgin Islands.

Anne Doubilet (118-119) ist eine Taucherin und Fotografin, deren in Zusammenarbeit mit ihrem Gatten entstandene Aufnahmen unter anderem im *National Geographic Magazine* publiziert wurden.

David Doubilet (2-3, 104, 115, 124, 129, 130, 131, 133, 134-135, 136-137, 140-141, 161, 164-165, 166-167) ist ein führender Unterwasserfotograf, der im Auftrag des *National Geographic Magazine* weltweit Unterwasserreportagen machte. Seine Aufnahmen wurden mehrfach ausgezeichnet.

Francisco Erize (197, 228, 229) ist ein argentinischer Naturforscher und -schützer, der dem nationalen WWF vorsteht. Er hat weltweit Tieraufnahmen gemacht und zahlreiche Beiträge in *Animals, International Wildlife* und *Animal Kingdom* veröffentlicht.

Douglas Faulkner (68, 74, 76-77, 84, 109, 110, 111, 114, 116-117, 120, 121, 122-123, 146, 160) studierte Meeresbiologie und spezialisierte sich als Fotograf auf Unterwasserfauna und -flora. Er veröffentlichte mehrere Bildbände, darunter *This Living Reef.*

Jean-Paul Ferrero (198-199) ist ein französischer Naturfotograf, dessen Arbeiten in verschiedenen internationalen Publikationen erschienen.

Jeffrey Foott (50-51, 75, 78-79, 202), Meeresbiologe und Fotograf, hat für Survival Anglia mehrere Tierfilme gedreht. Seine Aufnahmen erschienen sowohl im *Audubon Magazine* wie im *National Geographic Magazine.*

Al Giddings (157) produziert und dreht in eigener Regie Unterwasserfilme. Seine Fotografien wurden weltweit veröffentlicht.

François Gohier (200-207) ist ein freier Tierschriftsteller und Fotograf, der sich hauptsächlich mit südamerikanischer Fauna und Flora beschäftigt.

Farrell Grehan (32) ist ein bekannter Fotoreporter, der unter anderem für *Life* arbeitete. Er ist Mitarbeiter des *National Geographic Magazine.*

Dan Guravich (220, 221) arbeitet als Fotograf im amerikanischen Bundesstaat Mississippi und hat mehrere Bildbände über Natur und Landwirtschaft veröffentlicht.

Howard Hall (40-41, 48-49, 73, 82-83, 92-93, 162-163) hat als Taucher und Unterwasserfotograf im Korallenmeer, im Großen Barriereriff, im Golf von Mexiko und in der Karibik gearbeitet. Seine Aufnahmen erschienen weltweit, außerdem drehte er Unterwasserfilme für Survival Anglia.

Robert Hernandez (152, 230-231), Spezialist für Umweltschutz, ist Fahrtenchef der *Lindblad Explorer* und Assistent im Fernsehteam von Survival Anglia.

George Holton (80-81), freiberuflicher New Yorker Fotograf, arbeitet weltweit in den Bereichen Natur, Völkerkunde und Archäologie. Seine Aufnahmen erschienen in zahlreichen Zeitschriften und Büchern.

M. Philip Kahl (58-59, 61) ist Zoologe, Ökologe und Tierfotograf in Naples, Florida. Unter anderem hat er Störche und Flamingos in der ganzen Welt studiert und Beiträge in verschiedenen naturwissenschaftlichen Publikationen veröffentlicht.

Richard Kolar (46-47) bereist als Tierfotograf die ganze Welt; seine Bilder erschienen in mehreren Zeitschriften.

Stephen J. Krasemann (217) lebt als Naturfotograf in Wisconsin. Seine Fotoreportagen erschienen im *National Geographic Magazine*, in *Natural History* und im *Audubon Magazine.*

Carl Kurtz (60) ist Schriftsteller, Lehrer, Ökologe, Fotograf und Bauer auf einer Farm in Iowa. Hier studiert er vor allem die Ökologie der Prärie.

Robert Lee (28-29) ist Berufsfotograf und hat sich unter anderem auf die am Merced River im Yosemite-Nationalpark heimischen Flechten konzentriert.

Sven Lindblad (66-67) ist gebürtiger Schwede und lebt in den Vereinigten Staaten. Er hat weltweit als Fotograf gearbeitet, besonders in Ostasien, in der Arktis und der Antarktis.

Larry Madin (102-103) studiert in der Woods Hole Oceanographic Institution die Biologie von Zooplanktern.

Joe McDonald (38-39) ist Biologielehrer und Tierfotograf, spezialisiert auf die Tierwelt Nord- und Südamerikas. Seine Aufnahmen erschienen unter anderem im *Audubon Magazine* und in *National Wildlife.*

Wendell Metzen (52) lebt als Biologe und Fotograf in Georgia. Seine Tierbilder wurden im *National Geographic Magazine, National Wildlife* und in Time-Life-Büchern veröffentlicht.

Edwin James Mickleburgh (224) ist ein britischer Fotograf und Filmer, der sich auf die Polarregionen spezialisiert hat. Unter anderem hat er einen Antarktisfilm für Survival Anglia realisiert.

Chris Newbert (147, 150-151) lebt als Berufsfotograf und Taucher auf Hawaii, wo er Kurse für Unterwasserfotografie leitet. Seine Aufnahmen wurden mehrfach ausgezeichnet und weltweit veröffentlicht.

Chuck Nicklin (143) arbeitet als Unterwasser-Kameramann und -Fotograf in San Diego. Seine Arbeiten wurden für verschiedene Unterwasserfilme und im *National Geographic Magazine* verwendet.

Peter Parks (96-97, 99, 180, 181, 186-187) ist ein professioneller englischer Tierfotograf, -filmer und -illustrator. Er hat verschiedene besondere Vorrichtungen für Tierfotografie konstruiert.

Roger Tory Peterson (44), ein anerkannter Ornithologe, ist auch noch Künstler, Schriftsteller, Forscher und Fotograf.

Allan Power (145), ein ehemaliger australischer Berufstaucher, arbeitet nun als Unterwasserfotograf über die Korallenriffauna der Neuen Hebriden, wo er auch wohnt. Seine Bilder erschienen im *Animals Magazine*, in den Serien *Our Nature World* und *Pacific Marine Fishes* sowie in seinem Bildband *The Great Barrier Reef.*

Langdon Quetin (94, 95, 168, 177, 178-179, 182-183, 184-185,190-191) studiert an der University of California in Santa Barbara Physiologie und Verhalten von Tiefseemysiden (Spaltfußkrebsen). Bei diesem Forschungsprojekt hatte er ausgiebig Gelegenheit, Meeresorganismen zu fotografieren.

Carlton Ray (226-227) ist Leiter der Pathological Biology Division an der Johns Hopkins University in Baltimore und Mitglied der Marine Mammals Survival Commission.

Barry L. Runk und Stan Schoenberger (89) studieren und fotografieren seit mehreren Jahren zusammen Wildtiere. Runk ist Berufsfotograf und Spezialist für Meeresorganismen, Schoenberger Biologielehrer.

Caulion Singletary (64, 65) lebt in Florida und fotografiert nebenberuflich Tiere, insbesondere Vögel. Seine Aufnahmen erschienen in führenden Naturzeitschriften.

Rick Sullivan und Diana Rogers (57) sind ein in Florida wohnhaftes Tierfotografenpaar, das in Australien, Afrika, Alaska und Südamerika arbeitete. Die beiden publizierten den Band *South African Environment.*

Soames Summerhays (208), britischer Meeresbiologe und Unterwasserfotograf, leitete über hundert Expeditionen in die abgelegensten Winkel der Erde und realisierte in Australien, wo er lebt, eine Fernsehserie.

Harald Sund (16) ist freiberuflicher Fotograf in Seattle. Seine Aufnahmen wurden unter anderem von *Life* veröffentlicht.

Neil W. Swanberg (45, 99), Zoologe und Spezialist für Wirbellose, insbesondere Meeresplankton, arbeitet in der Woods Hole Oceanographic Institution.

Ron und Valerie Taylor (90-91, 145) sind ein bekanntes australisches Fotografenpaar, das sich auf das Filmen von Haien spezialisierte. Ihre Aufnahmen erschienen in verschiedenen Zeitschriften, in Fernseh- und Kinofilmen.

Ed Vaughan (6-7), freiberuflicher Fernsehregisseur, lebt in Los Angeles und ist ein begeisterter Hobbytaucher und -fotograf.

Robert Vile (158-159) ist Kapitän in Süd- und Niederkalifornien. Bei seiner Arbeit hat er auch immer einen Fotoapparat dabei.

Karl Weidmann (62-63) lebt als Berufsfotograf in Venezuela. Er ist auf die Flora und Fauna dieses Landes spezialisiert und dreht auch 16-mm-Filme.

Larry West (42) ist professioneller Naturfotograf in Mason, Michigan. Seine Bilder erschienen in zahlreichen Zeitschriften und Büchern.

Bill Wilson (203, 204-205) fotografiert seit über zehn Jahren die Tierwelt und besonders die Vögel seines heimatlichen Long Island.

Steven C. Wilson (30-31) ist freiberuflicher Fotograf und Farmer im Bundesstaat Washington. Seine Aufnahmen wurden unter anderem auch im *Audubon Magazine* veröffentlicht.

Gunter Ziesler (45) ist professioneller Naturfotograf in München und arbeitet häufig in Südamerika.

Register

Seitenzahlen mit * entsprechen den Nummern der Bildlegenden beziehungsweise den Seitenzahlen der Abbildungen.